現代法学入門

〔第4版〕

伊藤正己 編
加藤一郎

有斐閣双書

第 4 版はしがき

　われわれが本書の初版を世に送ってからすでに約 40 年，第 3 版から約 10 年を経過した。この間，本書が教科書や教材として広く利用され，また法学を学ぼうとする人のための書物として多くの読者に迎えられ，刷りを重ねることができたのは，編者として喜びを禁じえないところである。現代社会において法の果たすべき役割の重要性はますます増大しており，法学の入門書の必要度はきわめて高いと思われる。本書はこの要請にこたえるように編集・執筆されたのであるが，この目的は十分に達せられているのではないかと考えている。

　しかし，この間における社会の大きな変動に対応して，法もまた新たな発展をみせている。法律の制定や改正も多く，裁判所も重要な判例を生みだしており，また学説もみのがすことのできない展開を示している。そこで，従来の叙述には，いささか時代に沿わない点があるようになった。本書の内容を現在の法にあわせて改訂することは読者に対する私たちの責任であると考えて，ここに第 4 版を刊行することにした。執筆のねらいなどは，初版のはしがきで述べたところと変わりはない。

　この第 4 版においても分担執筆の方々の協力をえた。また，出版について終始お世話をいただいた有斐閣書籍編集一部の方々に謝意を表したい。

　2005 年 2 月

伊　藤　正　己

加　藤　一　郎

━━━■執筆者・執筆分担■━━━

伊 藤 正 己	（元東京大学教授）	序章，第1章，第3章§2
加 藤 一 郎	（元東京大学教授）	第2章，第3章§4〜5
花 見 　 忠	（上智大学名誉教授）	第3章§1，§6
西 田 典 之	（元東京大学教授）	第3章§3
波 多 野 里 望	（元学習院大学教授）	第3章§7
村 上 淳 一	（元東京大学教授）	第4章

初版はしがき

　法学は，ある意味で特殊な学問である。それは，常識から隔絶したところに，独自の体系をもって存在しているように見られることも少なくない。ことに，法学の入門書となると，具体的な法律問題を考えるより先に，そこから抽出された抽象的な原理を教えようとするために，法学をとりつきにくいものにし，法律ぎらいを作り出すおそれが多分にある。

　われわれは，そういうことがないように，法を社会統制の1つとして，生きた社会の関連の中で捉えようと努力した。そのためには，第1に，法を抽象的にでなく，具体的な問題に即して重点的に把握することに務め，第2に，法学を孤立した体系としてでなく，他の社会科学と関連させて理解することに努めたつもりである。また，第3に，執筆者の個性的な考え方をある程度まで表に出して，読者の考える材料を提供するように心がけた。そのような点で，本書は，一般読者のための法学の入門書になりうるとともに，学生のための教科書ないしは教材として使用することができると考える。

　本書の執筆者および執筆分担は，下に記すとおりである。執筆者の方々には，編集のはじめから，積極的に協力していただいた。また，本書の刊行については，有斐閣編集部の高嶋勇氏および平川幸雄氏にお世話になった。厚く感謝する次第である。

　1964年4月

編　　者

目　　次

序　章 ────────────────────────────── *1*
　　　　法と常識（1）　　法学の価値（3）

第*1*章　法とは何か ─────────────────── *7*

　1　法と社会生活 ……………………………………… *7*
　　　　法と社会秩序（7）　　行為規範の諸形態（9）

　2　法 と 道 徳 ……………………………………… *11*
　　　　法と道徳との関係（11）　　法と道徳の差異（14）

　3　法 と 強 制 ……………………………………… *17*
　　　　法と事実（17）　　強制の方式（19）

　4　法 の 目 的 ……………………………………… *21*
　　　　法的安定性（21）　　正　義（23）

　5　権 利 と 義 務 …………………………………… *26*
　　　　法と権利義務（26）　　権利の種類（28）　　権利意識と順法精神（30）

第*2*章　法の適用 ──────────────────── *33*

　§1　法 と 裁 判 ……………………………………… *33*

　1　具体的事件への法の適用 ………………………… *33*
　　　　具体的事件の処理としての裁判（33）　　裁判規範としての法（34）　　裁判規範の性質をもたない法（35）

　2　裁 判 制 度 ……………………………………… *36*
　　　　刑事事件と民事事件（36）　　裁判所の組織（37）

　　　　司法権の独立と裁判官（39）　　裁判と法曹（40）

　3　訴訟手続上の諸原則 …………………………………… *43*
　　　　訴訟手続の定め（43）　　裁判公開の原則（43）　　当
　　　　事者主義（44）　　自由心証主義（45）　　挙証責任
　　　　（45）

　4　強 制 執 行 …………………………………………… *46*
　　　　裁判と強制執行（46）　　強制執行と債務名義（46）
　　　　判決以外の債務名義（47）

§2　裁判の基準となるもの ………………………………… *49*
　　　　法　源（49）

　1　制　定　法 ……………………………………………… *50*
　　　　法源としての制定法（50）　　制定法の種類（50）
　　　　法の段階的構造と違憲法令審査権（52）　　特別法は
　　　　一般法に優先する（55）　　後法は前法に優先する
　　　　（55）　　法律不遡及の原則（55）　　制定法の効力は
　　　　自然に消滅しうるか（56）

　2　慣　習　法 ……………………………………………… *57*
　　　　制定法と慣習法（57）　　商慣習法と事実たる慣習
　　　　（58）

　3　判　　例 ………………………………………………… *59*
　　　　判例の拘束力（59）　　判決理由と傍論（60）　　判
　　　　例の変更（61）

　4　学　　説 ………………………………………………… *63*
　　　　学説の影響力（63）　　学説の態様（63）

　5　条　　理 ………………………………………………… *64*
　　　　法の完結性と法の欠缺（64）　　条理の意味（64）
　　　　条理は法か（65）

§3 法の解釈 …………………………………… 66

1 事実認定と法の解釈 ………………………… 66

三段論法による法の適用（66）　事実認定と裁判官（66）　適用法規と裁判官（67）　裁判官の判断とその理論構成（68）

2 法の解釈の性質 ………………………………… 69

概念法学と自由法学（69）　法と裁判官（71）　複数の解釈の可能性（73）　解釈を指導するもの（75）

3 法の解釈の方法 ………………………………… 76

解釈の技術（76）　文理解釈と論理解釈（76）　拡張解釈と縮小解釈（77）　類推解釈と反対解釈（77）　擬　制（78）

4 法解釈学と法社会学 ………………………… 79

法解釈学は科学か（79）　法社会学の対象と方法（79）　法学の他の分野（80）

第3章　法の体系 ── 83

§1 法の分類 …………………………………… 83

1 公法と私法 ……………………………………… 83

公法と私法の区分（83）　公法と私法の分化（85）　公法と私法の融合（87）　司法制度と公法・私法（88）

2 実定法の体系 …………………………………… 89

公法に属する法（89）　私法に属する法（91）　公法・私法いずれにも属さない法（91）

3 法　典 …………………………………………… 92

法　典（92）　六　法（92）

§2 国家と法 …………………………………… *94*

1 国家と憲法 …………………………………… *94*
　国　家（94）　近代憲法（95）

2 日本国憲法の基本原理 ………………………… *98*
　国民主権（98）　平和主義（102）　基本的人権の保障（104）　権力分立（106）

§3 犯罪と法 …………………………………… *111*

1 犯罪と刑法 …………………………………… *111*
　刑法とは何か（111）　刑罰の内容（111）

2 刑法の機能 …………………………………… *112*
　法益の保護（112）　自由の保障——罪刑法定主義（113）

3 犯罪の成立要件 ……………………………… *114*
　構成要件該当性（114）　違法性（115）　有責性（116）　刑の適用（119）

4 刑事手続 ……………………………………… *121*
　刑事裁判の基本構造（121）　当事者主義（122）　犯罪捜査（123）　公訴の提起と公判手続（124）

§4 家族生活と法 ……………………………… *128*

1 家族法 ………………………………………… *128*
　家族と法（128）　家族法と財産法（128）　家族法の基本原則（130）

2 婚姻と離婚 …………………………………… *130*
　婚　姻（130）　夫　婦（131）　離　婚（132）

3 親　子 ………………………………………… *134*
　嫡出子（134）　非嫡出子（134）　養　子（135）　親権と後見（136）

viii　目　　次

　　4　扶　　養 …………………………………………… *137*
　　　　扶養義務（137）
　　5　相　　続 …………………………………………… *138*
　　　　相続制度の意味（138）　　相続人と相続分・遺留分（139）

§5　財産関係と法 ……………………………………………… *141*
　　1　財　産　法 ………………………………………… *141*
　　　　財産法の内容（141）　　財産法の基本原則（141）
　　2　取引の主体 ………………………………………… *143*
　　　　権利能力と行為能力（143）　　法人と会社（144）
　　3　取引の客体 ………………………………………… *146*
　　　　不動産と動産（146）　　物権と債権（146）　　有価証券（147）
　　4　取引の手段としての契約 ………………………… *148*
　　　　契約の諸類型（148）　　公序良俗と強行法規（148）　　契約の締結（149）　　売買契約（150）　　賃貸借契約（151）　　労働契約（152）　　消費貸借契約（153）　　資本主義と契約（153）　　契約の履行（154）　　商取引の特則（154）
　　5　不法行為による損害賠償 ………………………… *155*
　　　　過失責任と無過失責任（155）

§6　労 働 と 法 ……………………………………………… *157*
　　1　市民法と社会法 …………………………………… *157*
　　　　近代法のもとにおける不平等（157）　　社会法の理念と内容（158）
　　2　労働法の理念と体系 ……………………………… *161*
　　　　労働法の理念（161）　　労働法の2大分野（163）

目次 ix

3 労働保護法 ……………………………… *164*
勤労権の保障（164）　労働基準の法定（166）
雇用平等（170）

4 労働団体法 ……………………………… *170*
団結権の保障（170）　団体交渉権の保障（173）
争議権の保障（176）　労働争議の調整と争議行為
の規制（178）

§7 国際社会と法 ……………………………… *180*

1 国際法の必要性 ……………………………… *180*

2 基本的な権利義務 ……………………………… *181*
国際法の主体（181）　国家の承認（181）　主権
の概念と本質（183）　領土主権（185）　対人主
権（188）

3 具体的な権利義務 ……………………………… *189*
国際慣習法にもとづく権利義務（189）　条約にも
とづく権利義務（189）

4 権利義務の秩序の攪乱（不法行為） ……………… *190*
国家責任の成立（190）　国家責任の解除（191）

5 権利義務秩序の回復 ……………………………… *191*
平和的手段による回復（191）　強力的手段による
回復（192）　狭義の自力救済（193）　広義の自
力救済（193）

6 国際法と国内法との相違 ……………………… *195*
法主体の相違（195）　制度的な相違（196）　体
系的な相違（199）

7 国際法の発達 ……………………………… *200*
国際社会の組織化（201）　国際法の優越性（201）
国際法の適用範囲の拡大（203）

第4章 法の発展 ─────────────── 205

1 法の発展と社会の発展 ……………… 205
法規範の相対性（205）　社会と法（206）

2 自然法と歴史主義 ……………… 207
2つの立場（207）　認識と実践（209）

3 近代法の成立 ……………… 210
近代法とは何か（210）　中世から近世へ（212）
大陸法（214）　英米法（217）

4 近代法の発展 ……………… 219
現代資本主義と法（219）　社会主義国家の法（221）

5 日本の近代法 ……………… 223
日本の固有法（223）　近代法の継受と発展（224）

6 世界法の展望 ……………… 226
分野ごとのグローバル・ネットワーク（226）　合法性のユニヴァーサル・コード（228）

索　引 ……………… 230

序　章

法と常識　法学は，法を対象とし，それを理論的体系的に理解するための学問である。社会に生きる人は，意識するとしないとを問わず，法的な関係に立ち入ることになる。日用品を買ったり，交通機関を利用したりする日常生活の活動も，つねに法的な面をもっている。したがって，社会生活を営むかぎり，法に対する正しい知識が必要になる。

　ところで，法がどういうものであるかは，健全な常識をそなえるならば十分に理解できるといわれるかもしれない。かつての漢の高祖は，殺すなかれ，傷つけるなかれ，盗むなかれという3つの法，いわゆる法三章をもって国を治め，非常な善政とたたえられたといわれている。このような法であれば一般人の常識をもって正しく理解することができるかもしれない。しかし，現代のような複雑な社会構造にあっては，それを規律する法もまた，きわめて技術的専門的にならざるをえない。訴訟をどのような手続で進めるかを定める訴訟法や，商取引や会社の組織などを規律する商法のごとき法の領域になると，常識のみをもっては理解できない面が多いのである。法の世界において，このように素人の常識では正しく把握できない複雑な技術を含む規則は，ますます増加

してきている。また，他人の物を盗んではならないという，だれでもがその意味を解しうる規範であっても，細かく考えてみるときは，他人に預けておいた自分の物を盗んだときにはどうなるか（刑法242条参照），不動産や無体物（電気や動力など）は窃盗罪の対象となる物といえるかなどの問題は，常識では解決できない。

(注) かつて裁判所は電気も窃盗罪の規定にいう物にあたると解釈した（大審院明治36年5月21日判決）。現行刑法はとくに条文をおいて，窃盗罪の適用について電気は物とみなすとしている（刑法245条）。

もっとも，法が社会に生きたものとして行われるためには，それが一般人の常識とかけはなれたものであってはならないことも事実である。たとえ技術的な面をもっている法でも，常識で納得できないような運用や解釈が行われるならば，それはわれわれの社会生活の規範として不完全なものといわねばならない。専門家による法の研究も，法の技術性を認めつつも，たんなる形式的論理のみでおしとおし，常識とはなれることとなるならば，悪しき法律家の烙印をおされることになろう。

(注) いわゆる大岡裁判が名判決といわれるのも，法の形式にとらわれないで，一般の常識に合致する法の運用がされたからである。内縁の夫婦は，婚姻の届出がないから法律上の夫婦とはいえないが，婚姻の予約があるとして，理由なしに内縁の夫が内縁の妻を去らしめた場合に，損害賠償の責任を負わせうることを認めた判決（大審院大正4年1月26日連合部判決，61頁参照），あるいは宿屋の主人が，たばこ屋まで遠い田舎のためあらかじめたばこを買いおいて客の要求で定価で売っていた場合，たばこ専売法違反にならないとした判決（最高裁判所昭和32年3月28日判決）がすぐれた判決と評されるのも同じ理由である。

このようにして，法が正しい方向に発展していくためには，法の専門家が一般の人の納得のいくように法を運用し解釈するとともに，他方で一般人も，法には常識のみをもっては理解できない

技術面のあることを理解し、法とはどういうものかを正しく把握するよう努力することが必要といえるであろう。

法学の価値　このように考えると、法の技術性を専門的に掘りさげ、その正しい意味をたずねる専門の学問としての法学が必要であることはいうまでもないし、他方で、一般教養として法について市民としてもつべき必要な知識を与える法学もまた、学ぶ価値のあることになる。

　ところが法学の対象である法が、文化現象として卑俗なものであると考えられるために、法に対して敵意や軽蔑の感情をもたれることが少なくない。そのことがひいては法学に対する反感となってあらわれることが多い。とくに芸術的あるいは人道的傾向をもつ人は、法や法学に嫌悪の情をあらわす。たとえば、ゲーテは、メフィストフェレスの口をかりて「法学というものには僕はどうもなじめない。何しろ僕は人をそれほど邪推できないからな」といっているし、シラーも、法学を学んで以来病的な状態におちいったといわれ、大学の講座就任演説で、とくに法学をあげて、「パンのための学問」の呪いをあびせ、ハイネも、法学を「最も圧制的な学問」といい、ローマ法大全を「悪魔の聖書ともいうべき忌むべき書物」と呼んでいる。

　芸術的な感覚が、それぞれの人の個性や千変万化の社会現象に鋭い目を向けるのに反して、法は人を画一的に扱い、現象を規格化するところから、そこに法や法学への反感が生まれるのも当然かもしれない。さらに「よい法律家は悪しき隣人である」といわれるような法律専門家の態度や考え方——このように考えられる法律家は、けっして真によい法律家ではないが——もまた、その

反感を強めるものであろう。

> （注）　民法が人の能力その他の差異を問わないで，一律に満20歳をもって成年に達するとしているのも（民法4条），このような画一化の一例である。

　しかし，芸術家であっても，社会生活を営む以上，法なしですますことができない。その創作した作品も著作権などの法の保護を必要としよう。およそ秩序正しい社会が実現されることはすべての人の幸福の基礎であり，そのために法が有用である以上，その正しい意味を探究しようとする法学の価値を否定することはできない。法が適正なものであるためには，法の本質を明らかにする学問が必要であるし，法を合理的に解釈する学問も欠くことはできない。法に欠陥があるときにも法学をとおして訂正が行われるであろう。もとより民衆が法についての専門的知識をもつことまでも要求されないけれども，民衆が正しい法のあり方を理解し，その基本的な知識をそなえることは，法にあるべき姿をとらせるための条件である。一般教養として法学を学ぶ価値はそこにある。

　さらに広く考えると，近代社会は法による規律に大きな意味を認める社会である。とくに民主制において，法を作り，法を改めていくものは民衆自身である。理想的な社会においては，民衆の世論が正しく法と政治に反映されねばならない。そこで，その社会を構成するすべての人が，法に対して正確な常識をそなえることが，その社会の秩序と進歩を確保するための前提となるのであり，法の基礎的知識をもつことは，一般人の義務とすらいってもさしつかえないであろう。

　さらに，法学を学ぶことは他の学問を学ぶうえにも有用である。法は自然科学の法則のように必然性をもたず，それからみれば偶

然性と恣意性をもつようにみえるけれども，法学の基本となるのは，論理的なものの考え方である。論理的な思考法を学ぶ最も適当な場所は，現在では，法学であるといわれるのは理由のないことではない。法学は，頭脳を科学的思考の方法や技術になじませる訓練を行うものとして，おそらく最も適したもののひとつであろう。ヘルムホルツ（Helmholtz, H. L. F. v., 1821〜1894）が述べている，「少年の教養の素材として文法が用いられるように，成人の教養の手段として，同じ理由から，法学が，実際の職業的必要のない場合にも用いられるのは，故(ゆえ)のないことではない」という言葉は，法学のひとつの有用性をいいあらわしたものである。

　以下の各章において，このような成人の教養として必要な法の基礎知識を述べていこう。それは，同時にこれから法を学んでいこうとする人の入門としても役立ちうるであろう。

【参考文献】
　　　（ここでは本書全体についての参考となるものをあげておこう。）
穂積重遠（中川善之助補訂）『やさしい法学通論』（新版）有斐閣，1963.
末川博編『法学入門』（6版補訂版）有斐閣，2014.
渡辺洋三編『法の常識』（3版）有斐閣，1993.
伊藤正己・加藤一郎編『教材法学入門』有斐閣，1965.
団藤重光『法学の基礎』（2版）有斐閣，2007.
三ケ月章『法学入門』弘文堂，1982.
尾高朝雄（久留都茂子補訂）『法学概論』（3版）有斐閣，1984.
伊藤正己編『法学』（2版）有信堂，1983.
我妻栄『法学概論』有斐閣，1974.
ラートブルフ，G.（碧海純一訳）『法学入門』東京大学出版会，1961.

第 *1* 章

法とは何か

1 法と社会生活

法と社会秩序　　われわれが社会において共同生活を営むときには、そこに一定の秩序を保つことが必要である。そしてこのような秩序を保つために、いかなる社会にあっても、その構成員が守らなければならない規範が存在する。「社会あるところに法あり」という言葉は、このことをいいあらわしている。ここでいう法は、近代国家の法のように体系づけられ、明確な強制力によって裏づけられたもののみではなく、広くその社会の秩序を正しく保持するのに必要な行為の基準を意味している。

最も小さな例をとるならば、2人で将棋をするという一時的な人間の結合を考えることができる。この結合が円滑に目的を達するためには、駒の動かし方のようなルールを双方が守ることが必要である。一方がそれを無視するようなことがあると、その小さな社会も崩壊することになる。そういう意味で一時的で、しかもわずかな人の作る社会であっても、守られねばならない規則があり、それがその社会を維持する基礎をなしている。これがもっと永続性をもつ人間関係（たとえば、夫婦）になると規則の必要度

はさらに高まり，さらに多数人の構成する社会（学校，労働組合，会社など）にあっては，内部の秩序を保つための行為の基準が，いっそう強く要求されることになる。

とくに近代国家という社会になると，権力的な支配関係を含み，さらに構成員の間に血縁や地縁による結合がとぼしく，その目的も複合的なものであるだけに，規則，とくに権力による強制を予定された規則の重要性が大きい。近代国家は法によって組織され，規律されている社会といってもさしつかえない。

このようにして，人間の社会には，それを秩序正しく保持するための行為規範が存在することになる。法はこの**行為規範**に含まれるものである。それでは，行為規範とはどのような意味をもっているか。

第1に，行為規範は，「かくあらねばならない」という当為の法則である。「人を殺してはならない」という規範の例からも明らかなように，その規範が存在するにもかかわらず，実際にその違反は生じうる。法にあっても未成年者飲酒禁止法があり，満20歳未満の者は酒を飲んではならないという規範があるが，現実に必ずこれが守られているわけではない。当為の法則とは，このようによりよい世界の構図をえがくものであって，現実と一致しない場合があるにもかかわらず妥当するのである。当為の法則に対して必然の法則があり，自然科学の法則は必然の法則に属する。それは，必ず生ずることを内容とし，現実と一致することによって妥当性をもつ。「人間はすべて死ななければならない」という法則を例にとってみても，このことは明らかである。法は行為規範として，当為の法則に属することをまず認めねばならない。

第2に，行為規範は人間の行為を規律するものである。当為の法則として一定の価値に関係をもつ規範であっても，直接に人間の行為に関連をもたないものがある。たとえば，審美法則や論理法則がそれである。もとよりこれらも広くいって，人間の精神活動の領域に関係する規範であるが，人の行為を直接に支配するものではない。審美法則は，美をいかに正しく感性において体験すべきかに関する規範であり，それに合致したものは美しいものといえ，芸術作品ならばすぐれたものといえる。これを研究する学問が美学である。論理法則は，人間の思考や判断が正しいかどうかを決定する規範であり，この法則を明らかにするのが論理学である。論理学には，人の思考や判断の正確さについて多くの法則がある。しかし，人はこの当為の法則につねに従って判断を行うわけではない。その場合には，その判断は正しいことが保証されないのである。法は，これらの規範と異なり，直接に人間の行為に関係する当為の法則に属するものである。

行為規範の諸形態　このようにして法は行為規範として，社会秩序の保持のために人間の行為のあるべき構図をえがくものであるが，けっして法のみが行為規範であるわけではない。われわれは社会生活において，多くの行為規範の規律をうけており，法はそのうちのひとつなのである。たとえば，借りた本を返すという行為をみても，その行為を命じている規範は，必ずしも法ではない。それを返さないと，裁判所に訴えられ，民事あるいは刑事の責任を負わなければならない，という意識によって強制されることはまれであろう。むしろ道徳その他の行為規範の指示によって，本を返すという行為をとるのである。

それではどのような行為規範が、われわれの生活のうちに存在しているか。ヴィノグラドフ（Vinogradoff, P. G. 1854〜1925）によれば、つぎのようなものがあげられている。第1に、流行というものは、一面からみれば、ひとつの社会現象であるが、他面からみれば、われわれの行為を支配する規範としての性格をもつ。たとえばどのような服装をするかを決定する場合に、多くの人は流行というものを考えて行動することになる。第2に、われわれが共同生活をしている場合、どの行為が適当かを決定するのに大きな役割を果たす規範として風習がある。知人に出会ったときには挨拶をかわすという行為は、風習のひとつである。この風習は、流行のような外見の問題をこえた人間行動の問題であり、その基礎には尊敬や友情のような感情が存在し、これによって社会の交渉を円滑にするもので、重要な社会規範といってもよい。第3に、ある集団内部のしきたりがある。かつての武士道といわれるものは、その典型的な例であり、武士階級に属する者は、たとえば、武士にあるまじき卑劣な行為をしてはならない、という強い義務づけを行う行為規範によってしばられていた。現在でも、一定の職業にともなうしきたり、ある集団の構成員の守るべき慣例的な規範が少なくない。第4に、道徳があり、これはいうまでもなく人間の良心に基礎をおき、何がよい行為かについて、基準を与える行為規範である。最後に法がある。このように、法は多種多様な行為規範とならんで、人間社会に秩序を与える機能を営んでいる。

　これらの諸種の行為規範は、その目的も異なるが、人間の行為を規律する強制力にも差異がある。一般的にいって、上に述べた

順序で強制力が大きくなるといってよい。流行は、その命ずるところに従うことによって達する目的が、それほどの重要性がなく、趣味的要素が強いから、これに従わなくても、それに対して加わる外部の圧力は比較的軽微である。風習になると、人間関係の円滑化という目的をもつから、その違反は、友人を失ったりするような仕返しをうけることになり、極端な場合には、いわゆる村八分といわれる組織的な制裁をうけ、社会で共同生活をすることが困難になることもありうる。さらに集団内部のしきたりになると、その集団の結合力が強いほど、その義務づけはきびしくなる。そのしきたりの目的が、まさにその構成員に義務を課し、集団を存続せしめるところにあるから、それは当然である。博徒仲間の仁義のようなしきたりは、その構成員に、たとえ法に反しても守らねばならない強い拘束力をもっていたといってもよい。道徳になると、もっと広く、社会的重要性をもつことはいうまでもなく、道徳的義務づけの力が弱い社会は、無秩序におちいる可能性が大きい。人間としての良心にもとづく当為の規律の妥当の度合いが高められることによって、道徳の規範のもつ拘束力は強められる。最後に、法は、組織された力による最もきびしい義務づけを行う行為規範である。法は、各種の行為規範のうちで、最も強い強制力をもつものであるということができる。

2 法と道徳

法と道徳との関係　以上にみてきたように、社会の秩序維持のために多彩な行為規範が働いている。なかでも法と道徳との間にどのような関係があるか、どのような差異

があるかは，古来多くの学者の論じたところであるが，なお十分に解明されていない。しかし，このことを考えてみることは，法とは何かを明らかにするために有用であるから，以下にその点をみてみよう。

西洋の言語で，法をあらわす Recht, droit, diritto, pravo という言葉は，いずれも同時に正しいことという意味をもっている(注)。このことは，法と道徳的な正しさとが共通の基盤をもつことを示している。ローマの偉大な法学者ウルピアヌス（Ulpianus. D., 170頃〜228）は，正しいことの内容として「誠実に生きること，他人を害しないこと，すべての人にそれに値するものを与えること」の3つをあげているが，これは道徳律の内容にもなるし，法の内容としても妥当するものであり，法と道徳との密接な関係がよくあらわれている。また西洋の中世の法思想においても，法は道徳と同一視されることが多かったのである。

（注）これらの言葉は，さらに個人の主張できる具体的権利という，法における最も重要な観念をも意味している。このこともけっして偶然ではない。西洋の言語のうち，英語だけは law という特別の言葉が法を意味するが，そこでも，right という言葉が正しさと権利の双方を意味している。

現代の法においても，法の具体的な内容において，**道徳の規範**と同一のものが少なくない。人を殺してはならないとか，借りた物は返さねばならないという規範は，法と道徳のいずれにもみいだせるものである。それらの規範は，法的義務づけと道徳的義務づけが重なって，強い命令をもつ行為規範となっている。さらに深く考えると，法と道徳はそれが社会に行われるときに，互いに支持しあっているともいえる。借りた物を返せという道徳の要求は，最終的には法によっても強制される可能性がそれを裏づける

ときに，道徳としても実現されやすいものとなろうし，法もまたたんに力による制裁で強制するのでなく，道徳的な順法精神によって支持されることによって，人びとに納得されるような形で行われることになる。

　しかし，このような緊密な関係にもかかわらず，具体的な規範として，法と道徳とが無縁な場合も少なくない。道徳には，通常，人の容易に守れないような高度なものがあるが，それも道徳としては成り立つし，むしろ道徳の目的からいって至当なものといえる。「人に右の頬を打たれたときには，左の頬をさしだせ」とか，「下着をとられたときには，上着をも与えよ」，あるいは「汝の敵を愛せよ」という聖書にみられる道徳規範は，法とは無関係になり，法はむしろ打たれないよう自らを守り，あるときはとられた下着を自力でとり返すことを認めるのである。高度の道徳を，そのまま法のうちにもちこむときは，かえって民衆を萎縮させ，弊害を生ずる。かつてカルヴィンの作った教会国家やクロムウェルの清教徒的政治が，あまりに道徳と法を近接せしめたために成功しなかったことは，そのことを示すものである。

　他方で，法には技術的問題を処理するための規則が多く，これらはその内容において，道徳と無関係である。交通法規が歩行者を左側通行にするか右側通行にするかは，道徳とは無縁であるし，たばこを国の専売にするか民営にするかも同様である。訴訟の手続の規則も国の機関の組織を定める法も，道徳的内容を含むものではない。このような技術的な法も定められた以上，これを順守することは道徳の要求とはなるが，その規範内容としては，法と道徳は無関係なのである。

さらに，法と道徳が相反するときもある。**悪法**といわれるものの多くは，それである。「悪法は法であるか」は学者の間で争われる問題である。悪法は法として価値のとぼしいものであるが，法には正しいことの実現のほかにも目的があることは，のちにみるところであり，それが実定法として行われることは否定できない。ただ大多数の人びとの道徳意識に反する法が，長く行われることはできないであろう。また，一見して道徳に反するようにみえる法規範もありうる。一定期間を経過すれば債権が消滅することを認める消滅時効の制度は，債務は履行すべしという道徳に反するようにみえるし，また夫婦間の約束はいつでも取り消しうるとの規定（民法754条）も，約束は守るべきであるとの道徳律に違背するかにみえる(注)。しかし，これらの場合は，法が法的安定性を確保するという機能のあること（21～23頁），とくに，その規定が，日常生活を直接に規律する規範というより，裁判を行うための法則であること（33～35頁）を考えあわせると，それを悪法というのは，速断にすぎることがわかろう。

(注) これらの規定も，いちじるしく道徳に反する場合に，解釈によって適正な運用がされうる。協議離婚の前提として，一定金額や財産を譲渡する約束をした夫が，離婚届をする直前にその約束を取り消したという場合，最高裁判所は民法754条の取消権の濫用として，それを認めなかった（最高裁判所昭和33年3月6日判決）。

法と道徳の差異 このような無関係なときがあるとしても，すでに述べたように，法と道徳が密接な関係があることは事実である。それでは，行為規範としてどのような差異が認められるか。これについてはいろいろな考え方がある。その主なものをあげてみよう。

第 1 に，法は人間の外面的な行為に関係する規範であるのに反し，道徳は人間の内心に関係する規範であるという説明がある。たしかに，人を殺す内心の意思をもつのみで，何らの行為にでなかったときにも，道徳的には非難されるが，法に反することはない。その意味で規範の重点のおき方に差異があることは事実である。しかし，法が外面性にのみ規律を及ぼし，道徳が内面性のみの当為の法則であるということはできない。

　法もまた人の内心の意思にかかわりをもつことが少なくない。刑法では，法律に特別の規定のある場合（たとえば，過失致死罪）を除いて，罪を犯す意思，すなわち故意のある場合のみが処罰の対象になる（刑法 38 条 1 項）。したがって，刑事責任の存否を決定するときには，人の内面的な意思が重要な法律問題になる。民法上の不法行為の成立には，故意と過失を区別しない（民法 709 条）から，刑法ほどに重要でないが，これも過失責任主義をとっているから，原則として無過失という心的状態であれば，責任がないことになる。また，私法上「善意」「悪意」という言葉が用いられることが多いが（たとえば，民法 162 条 2 項・190 条 1 項・192 条・478 条など），ここでいう善意とは，関係のある事実を知らなかったということで，悪意とは，それを知っていたということであるから，内心の知・不知が重要な法律上の差異を生むのである。他方で，道徳も行為規範として人間の外面的行動に関係をもつことが多く，たとえば，人を殺すという行為は，明らかに道徳に反するのである。このように考えると，道徳の内面性，法の外面性という区別は，いちおうの差異を示すが，決定的な違いといえないのである。

第 2 に，道徳上の義務は片面的であって，義務履行の相手方として特定の者がなく，しいていえば良心に対する義務，神に対する義務という象徴的な相手方をえらぶほかはない。これに対して，法的義務には相手方である権利者があるといわれる。たしかに「汝の敵を愛せよ」という道徳的義務に対して，敵が愛されることの請求権をもつわけではないのに反して，買主の代金支払義務にはそれに対応する売主の代金支払請求権がある。しかし，この考え方も完全ではない。借りた物を返せという道徳規範には，義務の相手方が考えられなくはない。他方，法的な義務でも漠然とした社会一般に対する義務もある。たとえば，「国は，すべての生活部面について，社会福祉，社会保障及び公衆衛生の向上及び増進に努めなければならない」（憲法25条2項）という国の義務や，国民の勤労の義務（同27条1項）は，特定の相手方に具体的権利を与えるものではない。

第 3 に，両者は義務づけの仕方が異なり，道徳の場合には，返すべき物を感謝して返すというように，義務感情をともなった動機にもとづくことまで要求されるが，法は，ともかく返還するという法規範に従いさえすれば満足するといわれる。これもいちおうの区別として成り立つが，このことはすでに述べたように，法は外部的行為に重点をおき，道徳は内心に関係が深いということと結びつく差異であって，それだけで法と道徳の差異を説明しつくすことはできない。

以上のような法と道徳との区別の説明は，法の規範としての性質を明らかにするのに有効である。しかし，法と道徳の本質的な相違をとらえることはできないようである。そこで多くの論者は，

違反に対して強制力による制裁が存在するかどうかに，区別の根拠を求めている。法は社会秩序の維持のための最小限度の必要をみたす規範であり，これらの規範は，構成員の順守が強く要求され，そのために，もし違反が行われたときには，力による制裁を加える必要がある。その意味で，法は社会における組織された力による強制と結びついた行為規範であるということになる。以下，この点について考察しよう。

3 法と強制

法と事実 イェーリング（Jhering, R. v., 1818〜1892）は，強制をともなわない法は，燃えていない火というような，それ自体に矛盾を含むものであるといっている。このことは，法が強制を本質的要素とすることをいいあらわしている。道徳にはこのような力による強制がともなわないから，大多数の者が守ることのできない規範をもとりこむことができ，ある意味では，そのような規範は道徳として高度のものといえるかもしれない。しかし法は，通常の人ならば守れるような内容のものでなければならず，それゆえにこそ力による強制も可能になるのである。

当為の法則は，すでに述べたとおり，現実とつねに一致するとは限らないことを特質とする。道徳はこの事実との距離がいかにかけはなれていてもよいが，法は道徳に比較して，事実との近接が要求される。法がその社会に行われている事実状態とあまりに隔たっているときは，強制を加えることがむずかしくなり，法をかえって守れないものとする。もちろん法は風習のように現実と密着するものではなく，そこには一定の理想図をえがくことがで

きるから，法もいたずらに事実に盲従するものではなく，社会の事実を指導する役割を果たすことができ，またそうしなければならないこともある。しかし，その場合でも，事実と遠く隔たるときは，法としての効力を失うおそれが大きく，たとえ内容が理想的な規範に近づいても，ある意味ではかえって悪法といわねばならないことになる（アメリカの禁酒法がその例にあげられることがある）。

　このように，法は事実と接近しつつ，強制力を加えることによって，法と事実が合致することを要求するという性質をもつ。そこで法規範は，一方では，規範内容に従うことを命令すると同時に，他方では，それに違反されたときに加える制裁を定めるという構造をもつことになる。このことは，法が命令規範と制裁規範の二重構造をもつと表現されている(注)。たとえば，刑法の殺人罪の規定（刑法199条）をみると，その形式からは，もし人を殺したならばという仮言命題と，その場合に死刑または無期懲役もしくは5年以上の懲役に処せられるという，法的な効果をかかげているのであるが，明らかにそれは，人を殺してはならないという命令規範と，その違反に対して一定の刑罰を科するという制裁規範とを含むものである。もちろん法のうちには「権利の濫用は，これを許さない」（民法1条3項）のように，制裁規範の明瞭でないものや，さらに「私権の享有は，出生に始まる」（同3条1項）のように，それ自身に命令を含まないものもあるが，これらも法体系全体の構造のなかでとらえるときには，制裁に裏づけられた命令としての機能を営んでいる。

　　（注）　学者によっては，法のうちに国家機関の構成などを定めている組織規範（35頁参照）を別に考えて，法の三重構造という者もあるが，ここではそれに深

く立ち入らない。

そして国家は、体系化された法秩序が権力的支配関係を通じて維持されている社会であるから、国家法は、公権力による強制と結びつく規範である。しかも、権力分立をたてまえとする近代国家にあっては、制裁規範を具体的事件に適用してそれを個々的に実現するのは司法の役割である。したがって、法については裁判所による強制が前提とされ、法規範が裁判のための準則となる場合が多いことに注意しなければならない。

強制の方式 法の採用する強制の方式には種々のものがある。慣習法の場合などは、制裁についても慣習法上特殊のものがありえよう。近代国家の法においては、つぎのような強制の方法が認められている。

最も明瞭な法的強制の方法は、**刑罰**を科することである。刑罰の種類としては歴史的に多彩なものがあらわれているが、ともかく社会秩序の維持にとってきわめて重要な規範については、法は死刑・懲役刑・罰金刑などの刑罰をもって順守を強制するのであって、法の強制の方法として刑罰はただちに思いうかべられる形式である。しかし、強制の方式はけっして刑罰のみに限らない。

私法の領域においては、法規範の目的を達するために適当な種々の強制方法が認められる。**強制執行**はそのひとつである。それは私法上の義務の履行を意思に反しても強制する手段であり、たとえば、借金を返さないときのように、それを返せという裁判があれば、執行官が財産を差し押さえ、金銭に換価して借金返済にあてるというもの（直接強制といわれる）、義務を別の者に履行させて、その費用をとりたてるもの（代替執行といわれる）、義務

を履行しない人に、履行しなければ金銭を支払わせたり、拘禁する（もっともわが国の法制では拘禁することまで認められていない）という制裁を加えるもの（間接強制といわれる）が、強制執行の形式に含まれる。さらに債務の不履行や不法行為に対して、**損害賠償**の責任を負わせることも、通常、民事法規を強制するために用いられる手段である。また、それ以外に特殊の制裁として、名誉毀損に対して**謝罪広告**を公表させるという制裁が古くから許されている。
(注)

(注) このように謝る意思がないのに裁判所の命令によって謝罪を強制されるのは、憲法上の良心の自由を侵すものであるとして争われたことがあるが、最高裁判所はその主張を認めなかった（最高裁判所昭和31年7月4日大法廷判決）。

最後に制裁という色彩が薄いが、私法において、法と結びついた強制として多く用いられる方式として、行為者が意図する法的効果が発生しないという形をとるものがある。これを**無効**の制裁とも呼ぶことができる（これには、法的効果がまったく生じない無効の場合のほか、関係者の意思その他による取消しによって効果が失わしめられる場合も含まれる）。たとえば、近親婚の禁止（民法734条）に反する婚姻は、不適法なもので、当事者、親族、検察官などはその取消しを裁判所に請求できるし、遺言について、法はきびしい方式を定めているが（同967条〜984条）、それに従わない遺言は法的に効力をもたないのである。

以上のほか、法の与える利益を与えなかったり（たとえば、労働組合であっても、労働組合法の定める救済を拒否されることがある）、特権を奪われたり（たとえば、ある種の営業の免許を取り消されること）するなど、種々の制裁がある。ようするに、権力を基礎にお

くこのような強制手段に裏づけられた行為規範が法であり，そこに法の特質があるとみられる。
(注)

> (注) なぜ法という規範が強制力をもちうるのかは，法学における理論的問題として，最もむずかしいもののひとつである。法は政治権力をもつ者の命令であるからであるとか，法の規律をうける者の承認があるからである，など多くの考え方がみられる。

4 法の目的

法的安定性 　個々の法にはそれぞれに目的がある。民法や刑法のような法典はもとより，細かな点を規定する法律や規則はそれ自身の固有の目的をもつ。さらに個々の規定もまた，その目的をもっている。法は社会に生きる人間のたてた目的そのものではなく，何らかの目的を達成するための手段であるから，このことは当然である。のちにみるように，法を解釈し運用する場合には，その規定の目的を考えてみることが，きわめて重要である。しかしここでは，このような個別的な法の目的ではなく，これらの個々の法が集まった法秩序全体の目的なり理念なりが，何であるかを考えてみよう。

　すでにくりかえしてきたように，法の機能は社会の秩序を維持することにある。したがって，法の主目的が，**法的安定性**を社会において確保することにあるのはいうまでもない。法として社会秩序の安定に役立たないものは，いかにその内容が高次なものであっても，法の理念に合致したものとはいえない。逆に，悪法といえども実定法として効力をもち，安定の目的に役立つ限りにおいて，法のないのにまさり，法として最小限の役割を果たしうるのである。

このようにして，法秩序全体が安定し，それによって社会の安全が確保されることが，法の重要な機能といえる。そのためには，法はつぎのような要請をみたさねばならない。第1に，法は明確でなければならない。法の命ずるところが不明瞭であるときには，民衆はどのような行動が適法かどうかを判断することが困難であり，安心して法に従って活動することができない。近代法が制定法を主体として構成されているのも，それが，他の法形式に比較して明確性の程度が高く，それだけ法的安定性に富むからである。また，法が画一性を好むのもこれに関連している。たとえば，行為能力を事実上の個人の成熟にかからしめることは，ある意味では合理的であるが，法的安定性の見地からは，事実上の能力の差異にかかわらず，一律に確定された成人年齢にかからせるのが妥当になるのである。第2に，法はあまりにたやすく変更されてはならず，とくに立法者の思いつきや専断により，いわゆる朝令暮改となっては，法的安定性をおびやかす。たとえその変更に合理的理由があっても，みだりに改正することは法の機能を害する。そしてそれは社会に混乱を生ずる結果をもたらすであろう。近代国家が権力を分立させて相互に抑制させていることや，議会制度が慎重な立法手続を定めていることなどは，法的安定性を制度的に保障しているものといえる。第3に，法は実際に行われるものでなければならない。法がその内容としていかにすぐれたものであっても，事実において行われなければ，社会の秩序を維持する機能を果たすことはできず，安定性を確保することができない。第4に，法は社会に生きる人びとの意識に合致することも必要である。国民の意識とかけはなれた法は，社会を規律することがで

きず，安定した秩序を実現することができない。

このように法的安定性を実現することが，法の重要な目的であるところから，法に特有な現象があらわれてくる。事実として存在する状態が法の認める状態に転化したり，さらには逆説的ではあるが，不法状態が適法化されることもある。民法上の占有のような事実状態が，適法かどうかにかかわりなく法の保護をうけたり，時効制度によって，一定の時の経過が法に適合していない状態を適法にすることは，その例であるし，争訟にいちおうの終結をつけるために，誤った判決も既判力を与えられて拘束力をもつのも，法的安定性を確保するためである。さらに，革命も不成功におわれば犯罪となろうが，勝利をかちうれば新しい法の基礎となる。これも法的安定性の要求が，不法を法に作りかえるものと考えてよいであろう。

正　義　法的安定性をもたらすことは，法の重要な目的であるが，法はまた，正義（あるいは具体的妥当性）を実現することをも中心的な目的としている。法は実力によって作られ，それによって支持され，その結果として社会を安定させるという目的に奉仕する面をもつが，他方で正義の理念を含んでおり，そこに法としての価値をみいだす。法が正義を目的から除外してしまうときには，むしろ純然たる実力の支配が残ることになり，法として妥当性を主張できなくなるのである。

しかし，何が正義であるかは，必ずしも明らかではない。客観的な人間関係の状態としての正義，実定法の正しさを判断すべき実定法をこえた正義は，しばしば平等であるといわれるが，これもすべての人を等しく扱うことで足りるものではない。この点に

ついて，アリストテレス以来，正義を**平均的正義**と**配分的正義**に分ける考え方が有力である。^(注)平均的正義とは，個人の相互間の給付と反対給付の均衡を得させ，人によって差別を認めない要求である。たとえば，売買において目的物と対価が等しく，労働と報酬が均衡を得，損害と賠償が相応することである。これに対して，配分的正義とは，個人がその能力や功績の差異に応じて異なる取扱いを要求するものである。たとえば，租税の負担能力に応じて税額に差等を設け，功績によって段階的な栄誉を与えることである。一般的にいえば，平均的正義は形式的平等であって，人間の間の同位の秩序を主張し，私法の領域で実現される正義であり，配分的正義は実質的平等をめざし，社会生活における上下の秩序を樹立しようとするもので，公法の領域で妥当する正義である。

　（注）　このほかに，一般的正義というものがあげられることがある。これは個人が団体に対し，その義務をつくすことを意味する。

　このような正義論は示唆に富むが，それは結局等しいものを等しく，等しくないものを差別して取り扱うことであり，等しいものと等しくないものをどう区別するか，等しくないとしても差別が正しいことを，どの標準できめるかは，問題として残されている。正義そのものは絶対的な価値であろうが，現実にはそれを確定することは至難である。それを確定するためには，一定の世界観が働いてこざるをえない。ラートブルフ（Radbruch. G., 1878～1949）は，個人主義・超個人主義・超人格主義の3つの主要な形態の世界観をあげ，個人の利益や権利の擁護を重んずる個人主義のもとでは，平均的正義に重点がおかれ，団体の固有の価値を中心におく超個人主義のもとでは，団体の維持発展という目的が

重視され，配分的正義に比重は傾き，超人格主義にあっては，個人も団体も文化の発展に貢献する点に価値が認められ，配分的正義にもとづく差別は是認されるが，その差別の標準が文化的業績に求められるとしている。そして，どの立場をとるかは，もはや法哲学の問題ではなく，法学からはどれが正しいかを判定することができないことになる。(注)

(注) なお正義は普遍的な平等の要求を本質とするが，さらに具体的な場合や個個の人に対して妥当するという個別的な正義を含むことがある。ここにも正義のうちに含まれる矛盾がある。これはとくに「衡平」と呼ばれる。正義の理念のもつ普遍性と衡平の理念のもつ個別性とを，どのように調和させるかも，法の目的を考える場合に重要な問題である。

以上のように，法の追求すべき重要な目的として，法的安定性の実現と正義の要求をみたすこととの2つがある。しかしこの2つの目的はしばしば根本的に対立し矛盾におちいる。実定法は人間が作るものであり，国家法は政治と密接に結びつくから，その内容が正義に反する場合のあることは避けがたい。また正義の理念が，少なくとも，その現実の把握において多様であるために，法が正義に合致するかどうかについて意見が分かれることも多い。そのようなとき，正義を重視する立場からは，正義に反する法は無価値であり，たんなる暴力にすぎないことになるが，法的安定性を重んずる見方からは，悪法といえども法のないのにまさり，また各人がみずから，正義と信ずるところに従って行動するならば，社会は混乱におちいり，安定性を保てないと考えられる。この根本的な矛盾をどう調整するかは，具体的な場合に即して判断するほかないが，法としては，つねに秩序の上に築かれた正義を実現する使命を課せられている。法のもとに生きているすべての

人間が努力と反省を重ねて、このような法を実現してゆくことが、民主社会の法秩序の本質なのである。

5 権利と義務

法と権利義務 人と人との間に成立する複雑多様な生活関係を、法が規律するときに、それは法的関係になる。法の規律しない生活事実、たとえば、散歩をする行為は法的関係を生じさせないが、われわれの生活における多様な事実が、法的関係の基礎となることが多い。そのうちには、親子のような血縁関係、市町村のような地縁関係にみられる自然の生活関係もあるし、売主と買主、使用者と被用者の関係のように、人間の意思によって設定されるものもある。さらに時の経過が時効の基礎になり、人の死亡が相続や保険金請求の根拠になるときのように、いわば自然に生じた事実が、法的関係の基礎をなすこともありうるのである。

これらの法的関係は、具体的な面からみれば、**権利義務**の関係ということができる。すなわち、人間の生活関係が、法の世界に意味をもつのは、権利義務の発生・変更・移転・消滅に関連するときであるということができる。ある者がその所有する物を売る意思を表示し、他の者がそれを買う意思を表示したという事実は、その物の引渡しを請求する権利と引渡しを行う義務、代金を支払う義務とそれを請求する権利を発生させる点で、法的関係になる（民法555条）。法秩序は普遍的抽象的なものであり、不特定多数の人を対象としているが、これが個別的な場合に具体化されて特定したときに、権利義務が発生・変更・移転または消滅するので

あり，法と権利義務はむしろ同じものの両面であるともいえよう。ドイツ語で，法を客観的法（objektives Recht），権利を主観的法（subjektives Recht）というのも，このことをあらわしている。

このように法と権利は密接な結びつきをもっている。法規範のうち，人の行為に関する行為法は直接に権利または義務を明らかにするものである。たとえば，「故意又は過失によって他人の権利又は法律上保護される利益を侵害した者は，これによって生じた損害を賠償する責任を負う」（民法709条）の規定は，不法行為者に損害賠償の義務を，被害者に賠償請求権を与えることを内容としている。社会の組織を定める組織法は，直接に権利義務について定めるものではないが，適法な組織によって権利義務が発生・変更・移転または消滅するのであるから，これもまた権利義務と深い関係をもっている。ようするに，権利義務は，すべて法秩序から生みだされるものであると同時に，法秩序は，ある意味で，法によって調整されたすべての権利の総体であるということができる。

(注) ときに自然権ということがいわれ，それは，国家や法にさきだつ神や自然によって，人が生まれながらにして与えられた権利であるとされることがある。これはひとつの法思想・政治思想として，近代革命を支持した考え方であり，また，近代憲法として当然に認められるべき人権を示すものとして，意味がなくはないが，それによって権利が法以前に存するということはできない。

権利の本質が何であるかについては論争がある。一方では，それは法によって保護された人の意思の力であるとされ（ヴィントシャイト，Windscheid, B., 1817〜1892），他方で，それは法によって保護された利益であると主張される（イェーリング）。しかし，権利にはこの2つの面があるといってよい。権利は，主観的な法

として，法秩序のなかに内在する力をもち，それは法秩序によって保護されるし，また，法秩序が人に与える利益を含んでいる。意思の力は権利の形式または手段であり，利益は権利の内容であるといってよい。物の売主の代金請求権は，売主の意思の力が保護される範囲であるが，同時に代金をうけとる利益である。もし買主が請求に応じないときは，国家権力による強制を加えることができるが，この保護は売主の意思の力と利益の両面に及んでいるのである。

権利の種類 権利はいろいろの基準によって種々の分類をすることができる。第1に，それが関係する生活関係の種類によって，つぎのように分けられる。それらのくわしい内容は，のちに第3章（法の体系）でふれられるので簡単にみておこう。

まず公法的な関係に関連して公法上の権利がある。これを公権と呼ぶ。国や公共団体が支配権者として国民に対してもつ権利と，国民が国や公共団体に対して主張しうる権利が含まれる。後者のうちで最も重要なものは，憲法によって保障される各種の基本権である。これに対して私的な生活関係に関連するものが，私法上の権利，私権である。さらにのちにみるように，市民法に対立する社会法のような法領域が発展してくると，社会権ともいうべき社会法上の権利があらわれてくる。労働組合の団体行動権（たとえば，ストライキをする権利）はその例である。

このうち私権は，われわれの私的な生活分野の複雑なのに応じて，さらに多くの型に細分される。第1の人格権は，人間の存在そのものと切りはなすことのできない権利で，生命・身体に対す

る権利,名誉やプライバシーについて保護される権利,氏名や肖像を侵害されない権利などがそれに含まれる。第2の財産権は,経済的に価値のある財産を使用・収益あるいは処分しうる権利である。人格権が他から侵害をうけないという消極的な内容であるのに反し,財産権はさらに積極的な利用の権利を含むものである。これには,所有権のように直接に物を支配できる物権,特許権や著作権のように具体的な有体物を客体としない知的財産権,特定の人に作為または不作為を請求できる権利である債権があり,近代法のもとでは債権のもつ重要性が増大してきている。第3に,身分権ともいうべき,人が親族関係に関連してもつ権利がある。親の権利や親族の扶養請求権などが,それにあたる。

　つぎに,権利は,それによって拘束をうける人の範囲によって,絶対権もしくは物的権利と,相対権もしくは人的権利に分けることもできる。絶対権は,人格権・物権・知的財産権のように一般の人に対抗でき,だれもがこれを侵害しない義務を負うものである。これに反して相対権は,債権・扶養請求権のように,その内容が特定人に対して請求できるものであり,この特定人がその請求に応ずる義務を負う。もっとも具体的にはこの区別があいまいなときもあり,たとえば,賃借権は民法上は相対権として構成されているが,第三者に対抗しうる場合もありうる(民法605条の定める登記した不動産の賃借権や,借地借家法10条の定めにより建物を登記しているときの借地権)から,絶対権に近づくことがあるし,信託の受益者の権利も中間的な性質をもっている。

　そのほかにも,権利相互間の関係からみて,独立した権利と従属した権利(たとえば,主たる債権を担保する質権や抵当権)に分け

ることもできるし，また権利の譲渡性を基準として，譲渡できる権利と一身専属的な譲渡できない権利に分類することも可能である。

なお，権利について，その主体となりうるのは何か，その客体としてどのようなものが考えられるかも問題になるが，とくに私法上で問題となることが多いので，のちに取引の主体と客体を論ずるところ（143〜148頁）にゆずることにしよう。

権利意識と順法精神 権利が法秩序の中核をなすことは，ここにみてきたとおりである。したがって権利を守り，それの侵害をうけないようにすることが，法秩序を維持することになる。イェーリングが，その著書『権利のための闘争』のなかで，権利の主張によって，法を維持しなければならないことを強調したのも，このためである。そこで権利をもつ者が，その権利の重要性を意識することが，近代社会という法による秩序づけられた社会にあっては重要になってくる。

わが国では，欧米の社会に比較して，国民の**権利意識**が低かった。明治維新以前の法意識において，法は権利を与えるものとしてよりも，むしろ被治者を義務づけるものであるとの観念が強かったことや，権利のための闘争の歴史的事実がまれで，近代国家の成立においても，国家機構を近代化する要求は強かったが，権利を擁護する主張は弱かったため，旧来の意識が残存したことなどが，その原因とみられる。もとより，すべての人間関係を，権利義務の見地でわりきることは適当ではないが，わが国で，法によって規律され権利義務の問題として処理されるべきことが，なお法以外のもので解決されることのみられるのは，近代市民社会

としてたちおくれているといわなければならない。たとえば、不動産の賃貸借をめぐる争いや相隣者間の紛争が、警察への相談や町の有力者のあっせんによって、法をはなれ、権利義務の問題としてよりは、別の考慮から解決されることが少なくないが、それらは市民としての権利意識の不足にひとつの原因があるといってよいであろう。

　もとより、権利といえども無制限の行使を許すものではない。所有権のような強い権利も、社会全体の福祉の見地から調整をうけねばならないのであり、ワイマール憲法も「所有権は義務づける」と定めている。また民法も「権利の濫用は、これを許さない」(民法1条3項)と規定し、権利の濫用に及んだときは、もはや権利として法の保護をうけられないとしている。たとえば、自分の所有する土地であるからといって、もっぱら他人を苦しめるためにそれを利用すること、たとえば、隣の家に日光が入らないようにするという目的だけで高い塀を建てることは、法の許すところではない。社会に生きる人が自己の権利を擁護するとともに、他人の権利を尊重し、社会全体の共同の福祉を実現することが、法秩序の理想である。

　このように考えてくると、近代社会の市民は、その社会を規律する法に従い、自己の権利を正しく行使する責任を負う。もとより、権力に盲従し、権利の主張を怠ることは、法秩序の正しい保持に有害であるが、他方で、**順法精神**を欠く権利の主張は、法的安定性をおびやかし、正義に反することになる。社会の構成員が順法の意識を高めつつ、権利を正当に行使していくところに、法の目的が達成されるのである。

【参考文献】

伊藤正己『近代法の常識』(3版) 有信堂, 1992.

『法とはなにか』(ジュリスト増刊) 有斐閣, 1969.

ヴィノグラドフ, P. G. (末延三次・伊藤正己訳)『法における常識』岩波書店, 1972.

伊藤正己・甲斐道太郎編『現代における権利とはなにか』有斐閣, 1972.

村上淳一『「権利のための闘争」を読む』岩波書店, 1983.

ラートブルフ, G. (田中耕太郎訳)『法哲学』東京大学出版会, 1961.

碧海純一『新版法哲学概論』(全訂2版補正版) 弘文堂, 2000.

川島武宜『日本人の法意識』岩波書店, 1967.

大木雅夫『日本人の法観念』東京大学出版会, 1983.

第2章

法 の 適 用

§1 法 と 裁 判

1 具体的事件への法の適用

具体的事件の処理としての裁判　いまかりに交通事故が起こり，歩行者AがBの運転する自転車にあてられてけがをしたとする。この場合に，一方では，Bの行為を犯罪として罰するかどうかという問題が起こり，他方では，Aはけがの治療費などについてBから損害賠償をとれるかどうかという問題が起こる。そこで，Bが，はたして罰せられるだけのことをしたか，また，損害賠償をしなければならないだけのことをしたかをきめる必要がでてくる。このような具体的な事件をどう処理すべきかを，国の機関として裁判所がきめるのが，**裁判**である。

　裁判は，歴史的にみると，国家がするときまったものではなく，村の長老が裁判をしたり，仲間どうしで裁判をしたりした例もある。しかし，近代国家においては，政治的な権力が国家に集中され，裁判も国家が独占することとなっている。

裁判規範としての法　裁判をするためには、そのよるべき基準が必要である。古い時代には、裁判をする者がその場その場で自由に判断していたこともあるが、それでは裁判の結果がどうなるかわからず、裁判官がかってな判断をするのを防ぐこともできないから、裁判への民衆の信頼を維持することが困難である。また、裁判官としても、基準がなければ判断に苦しむことにもなる。

そこで、あらかじめ裁判の基準となる法律を作っておき、具体的な事件が起これば、それにもとづいて裁判するという方法がとられることになる。このように裁判の基準となる法律のことを、**裁判規範**としての法と呼ぶことができる。刑法や民法は、裁判規範としての法の代表的なものである。そして、裁判は、抽象的な形で存在する裁判規範を、具体的事件に適用するという形をとることになる。たとえば、前にあげた交通事故の事件では、自転車の運転という行為によって人にけがをさせたということで、刑法上の過失傷害罪の規定（刑法209条）の適用が問題となるとともに、損害賠償については、民法上の不法行為による損害賠償の規定（民法709条）の適用が問題となる。そして、これらの規定の適用要件がみたされていれば、裁判官は、それにもとづいて、運転者を罰したり、損害賠償を命じたりすることになる。

裁判規範は、このように、直接には、裁判官に対して、それに従って裁判せよと命じるものである。規範の中心をなすのは、ひとに「なにをなすべし」と命じる**行為規範**だといってよいが、裁判規範の場合には、その命じる相手（規範の名あて人、受範者）が、直接には、裁判官なのである。つまり、裁判規範は、第1次的に

は，裁判官の行為規範である。

　しかし，ある行為をした者に刑罰を科するということは，その行為をしてはいけないという一般人に対する行為規範が存在することを，前提としている^(注)。また，ある行為をした者に損害賠償を命じるという場合も，これと同様に考えられる。ただ，この場合には，その行為をしてはいけないということのほかに，加害者は被害者に損害賠償をすべきだという行為規範も予定されているといってよい。このように，裁判規範も，第2次的あるいは間接的には一般市民の行為規範を含んでいるとみられることが多い。

(注)　一般人に対する行為規範とその違反者に対して刑罰を科するということとの関係を，命令規範と制裁規範との二重構造としてとらえうることについては，18頁参照。ここでは，これを行為規範と裁判規範という別の側面からとらえている。

　しかし，なかには，裁判規範としてのみ意味のある規定もある。たとえば，書面によらない贈与の契約は，自由に撤回することができるとする規定がある（民法550条）。これは，そういう契約を裁判で強制するのは適当でないから，贈与者が撤回するといえば裁判所では取り上げないという趣旨の裁判規範であって，贈与者がどうすべきかという行為規範は，含まれていないのである（民法754条も同様。14頁参照）。

裁判規範の性質をもたない法　　法規のなかには，裁判規範としての性質をまったくもたないものもある。たとえば，国会の構成や組織をきめた規定（憲法42条・43条）は，もっぱら国の機関の組織を定めたものであり，このようなものを**組織規範**と呼ぶことがある。また，国民が健康で文化的

な最低限度の生活を営む権利を有するとする生存権の規定（同25条1項）は，国民から国に対して最低限度の生活費を裁判で請求することを認めた規定か，それとも，たんに国として国民の最低限度の生活を保障するような政策をとることを明らかにしただけの規定であるかが，議論されている。そして，もし後者だとすれば，それは裁判規範ではなく，政策の宣言規定であるか，せいぜい国ないしは関係の公務員に，そういう政策をとるべきことを命じた行為規範であるということになる。憲法や行政法には，このように，組織規範や公務員の行為規範という性質をもつ規定が多い。

2 裁 判 制 度

刑事事件と民事事件　　裁判というときに，多くの人の頭にのぼるのは犯罪者を罰する**刑事裁判**（**刑事事件**）であろう。しかし，それとならんで，市民相互間の法的紛争，つまり市民相互の権利義務に関する紛争を処理する**民事裁判**（**民事事件**）が，重要な役割を果たしている。欧米諸国では，むしろ民事裁判が裁判の主流と考えられているのに対して，わが国では刑事裁判が裁判の代表のように思われているが，これは，わが国で，法は国家が国民を束縛するために存在するものだという考えが強いこと，そしてまた，市民相互間の紛争を裁判所にまでなかなかもちだそうとしないことと，関係があるといえよう。

　裁判の仕組みとしてみれば，刑事裁判と民事裁判とは，はっきり区別されている。1つの交通事故でも，刑罰についての刑事事件と，損害賠償についての民事事件とは別の事件として取り扱わ

れ，別の裁判官が担当するたてまえになっている。民事事件では，権利を主張する者が原告となって被告を相手に訴訟をするのに対して，刑事事件では，国を代表する検察官がいわば原告の立場に立って，被疑者である被告人の処罰を裁判所に求めるのであるから，裁判の当事者が，まず違っている。さらに適用される法律が違うばかりでなく，裁判手続が，民事事件では民事訴訟法によるのに対して，刑事事件では刑事訴訟法によることになる。そこでこの2種の事件を区別して扱うことが，裁判の処理のうえからみて妥当だということになる。そして，1つの交通事故でも，民事事件としては，過失があったとして損害賠償が命じられながら，刑事事件としては，不起訴になったり，起訴されても刑法上の過失がなかったとして無罪になったりすることが起こりうる。これは，それぞれの事件で問題とされていることがらが違うから，それでもさしつかえないといってよい。もっともふつうには，たとえば，契約違反は民事裁判だけで，また公務執行妨害は刑事裁判だけで，というように，一方だけの問題として扱われることが多いわけである。

行政事件 土地収用や租税の賦課をうけた者がそれを違法だとしてその取消しを求めるというような，行政庁の公権力の行使に関する訴訟は，行政訴訟または行政事件と呼ばれる。これは，広い意味での民事事件のなかに含まれるが，市民相互間の民事事件とは，かなり性質が違うので，その裁判手続については，別に行政事件訴訟法が定められている(89頁参照)。

裁判所の組織 裁判所は，最高裁判所と下級裁判所に分かれる（憲法76条1項）。下級裁判所としては，高等裁判所・地方裁判所・家庭裁判所・簡易裁判所の4種がある（裁判所法2条）。

2-1図

		簡易裁判所	地方裁判所	高等裁判所	最高裁判所

民事事件
- 140万円をこえない請求： I →控訴→ II →上告→ III ---特別上告---→ IV
- 140万円をこえる請求および行政事件： I →控訴→ II →上告→ III

刑事事件
- 罰金以下の刑にあたる罪： I →控訴→ II →上告→ III
- それ以外のもの： I →控訴→ II →上告→ III

このうち，家庭裁判所以外の裁判所は，一般の訴訟事件を扱う普通裁判所である。その裁判権の範囲（事物管轄）は，2-1図のとおりであって，事件によって第一審の裁判所は異なるが，第一審の判決に不服の者は，**控訴**により第二審（控訴審），さらに**上告**により第三審（上告審）の裁判をうけることができる。この控訴と上告とを合わせて**上訴**というが，わが国では，原則として**三審制度**がとられ，上訴によって，3回まで裁判をうけることができるものとされている。

三審制度というような審級制度をとるのは，主として，慎重に審理を重ねることによって，妥当な処理をはかるためである。しかし，ただ回数を重ねるだけでは，訴訟を長びかせるだけであるし，第一審の方がなまの事実に即した裁判をするという利点もある。そこで，事実の認定に関する**事実問題**は，民事事件では第二審まで，また，刑事事件では原則として第一審だけで審理することとし，その上の審級では，法律の解釈適用に関する**法律問題**についてしか上訴できないこととされている。

上訴制度には，このほか，判例の統一という意味もある。最高

裁判所は，憲法問題についての最終裁判所であるが（憲法81条），その他の事件についても，そこでわが国の判例が統一されることになる。

家庭裁判所　家庭裁判所は，地方裁判所と同格の裁判所であるが，一般の訴訟事件は扱わず，家族や相続など家庭に関する**家事事件**と20歳未満の少年の犯罪および非行に関する**少年事件**とを処理する特殊の裁判所である。その裁判手続は，家事事件については家事事件手続法に定められているが，公開の訴訟手続によらず，非公開の審判または調停の形をとっている。少年事件については少年法に定められているが，これも審判の形がとられている。また，審判に対する上訴も，高等裁判所への**抗告**，最高裁判所への**特別抗告**という特殊の形となっている。平成16年からは，訴訟でも，離婚訴訟のように家庭に関する事件についての争いは，家庭裁判所が扱うことになった。

司法権の独立と裁判官　裁判官は，その良心に従い独立してその職務を行い，憲法および法律にのみ拘束される（憲法76条3項）。このように，裁判官による司法権の行使が，行政あるいは立法を担当する他の国家機関の干渉や影響をうけずに独立してなされることを，**司法権の独立**，あるいは裁判官に着目して，**裁判官の独立**と呼んでいる。これは三権分立のひとつの具体的内容をなすものである。明治24（1891）年の**大津事件**は，ロシア皇太子を傷つけた津田三蔵を，政府が，ほんらい日本の皇室のみに適用される皇族に関する罪をロシア皇太子にも適用させて，死刑にしようとして，裁判官に圧力を加えたのに対して，大審院長児島惟謙がそれを排除するために裁判官を激励し，通常の謀殺未遂の罪として無期徒刑におわらせた事件であるが，わが国で司法権の独立を確立したものとして有名である。

この司法権の独立を具体的に保障するものとして，裁判官の身

分保障がある。裁判官は，裁判により，心身の故障のために職務をとることができないと決定された場合を除いては，公の弾劾によらなければ罷免されない（憲法78条）。

裁判官の任命方法をみると，最高裁判所については，長官は，内閣の指名にもとづいて天皇が任命するが（同6条2項），他の14人の裁判官は，内閣が任命する（同79条1項）。これに対して，下級裁判所の裁判官は，最高裁判所の指名した者の名簿によって，内閣が任命する（同80条1項）。このように，下級裁判所の裁判官の任命権を実質的には最高裁判所がもっていることも，やはり司法権の独立の一内容をなしている。なお，最高裁判所の裁判官については，国民が，新任のあとと，10年たったあとの衆議院議員総選挙の日に，直接にその適否を審査することとして，国民審査の制度がおかれている（同79条2項3項）。

裁判批判 昭和24（1949）年松川事件における裁判批判をめぐって，裁判批判の是非について議論がなされた。裁判批判は，裁判の公正を保つうえで重要な意味をもつが，その態度や方法については問題がある。裁判の事後における学問的批判は，判例批評としてなされているが，審理中の事件についての批判は，裁判に影響を与え，裁判の中立・公正を害するおそれがあるとして，それを抑制すべきだとする意見と，それも自由になされることによって，かえって裁判の公正が保たれるとする意見とが，対立している。これは，司法権の独立，裁判官の独立をどう考えるかにつながりのある問題である。

裁判と法曹 裁判に関係する法律家としては，裁判官（判事）のほかに，検察官（検事）と弁護士がある。**検察官**は，刑事事件において，いわば原告の立場に立つもので，そのために，犯罪を捜査し，裁判所に公訴を提起し（起訴），有罪判決を求めて公訴を遂行する。検察官は，検察庁に属し，一定の独

立性を有しつつ，検事総長の下に一体性をもって職務にあたっている。検察の最高責任者は法務大臣であるが，法務大臣は，個々の事件の処理について，検察権の一体性を尊重して，検事総長を通じてのみ指揮ができるものとされている（検察庁法14条）。

弁護士は，当事者の依頼によって訴訟事件その他の法律事務を行うものである（弁護士法3条）。わが国では，訴訟の遂行について，ドイツのような弁護士強制主義をとっていないので，弁護士に依頼せずに当事者自身で行う**本人訴訟**もかなりあるが，少なくとも重要な訴訟については，弁護士に依頼するのがふつうである。弁護士は，たんに当事者の主張を代弁するだけでなく，基本的人権を擁護し，社会正義を実現する使命をもっている（同1条）。

裁判官・検察官・弁護士は，いずれも裁判の遂行にあたる専門の法律家であって，これらを総称して**法曹**あるいは法曹三者ということがある。法曹とは，法律家ということで，広くは法学者も含めることもあるが，ふつうは裁判や法律の実務にたずさわる法律家を指している。法曹になるのには，専門職大学院である法科大学院を修了して**司法試験**を通り，1年の司法研修所の教育を経るのが，ふつうのコースであり，それをおえたのち，裁判官・検察官・弁護士のいずれかに分かれていくわけである。

アメリカでは，法曹は，まず弁護士として出発し，そのなかから裁判官などが選ばれるのであって，こういう制度を**法曹一元**と呼んでいる。これに対して，わが国では，戦後，法曹の養成については司法研修所による一元的教育の制度をとっているが，それを経たのちは，裁判官志望の者ははじめからキャリア裁判官として進むという行き方をとっている。法曹一元には，社会の実情に

通じた優秀な弁護士のなかから裁判官が選ばれるという長所があるので，わが国でも，法曹一元化を求める意見がある。しかし，歴史や社会的背景の異なるわが国で完全な一元化がうまく実現されるかには問題がある。そこで，現実には，弁護士経験者からの任命を増やしたり，若手の裁判官に裁判官以外の経験を積ませるなどの工夫が積み重ねられてきている。そのほか，わが国の裁判官や弁護士の法曹の数を人口比でみると，欧米諸国にくらべてきわめて少ないので，これを増加させ，訴訟遅延を解消するとともに，国民の権利の主張を容易にすることが，大きな課題となっている。

以上のような専門家としての法曹のほかに，一般市民あるいは学識経験者を裁判に関係させるかどうかも，問題となる点である。アメリカでは，一般市民が陪審員となって，裁判の事実認定などを行う**陪審制度**がとられている。わが国では以前に刑事事件について陪審法が制定されたものの，あまり利用されず，戦時中に停止されたままになっていた（大正 12 年制定，昭和 3 年施行，昭和 18 年停止）が，平成 21（2009）年から，重要な刑事裁判の第一審に一般国民から選ばれた裁判員が参加して裁判官とともに裁判をする**裁判員制度**が発足した。原則として裁判員 6 人と裁判官 3 人が公判に立ち会い評議・評決を経て判決を宣告する。また，知的財産訴訟など専門性の高い事件に専門家である**専門委員**を付したり，家事事件に**参与員**を付すなど，裁判官でない一般国民が裁判に関与する度合が増えてきている。裁判官 1 人に民間の学識経験者 2 人を加えた調停委員会が，当事者との話し合いによって調停する，という**調停制度**も，広く利用されている。

§1 法と裁判　43

調　停　調停は，訴訟とならぶ重要な紛争解決制度であるが，調停は，当事者間に合意がなければ最終的に成立せず，調停不成立の場合には訴訟によって最終的な解決を求めるほかはない。その意味では，紛争解決制度として，調停は訴訟に対する補助的な役割を果たすことになる。しかし，他方において，訴訟では法による白か黒かの解決になるのに対して，調停では当事者の妥協による弾力的な解決が得られるという利点がある。また，調停は非公開である。調停には，民事調停法によって簡易裁判所または地方裁判所で行う**民事調停**と，家事事件手続法によって家庭裁判所で行う**家事調停**とがある。

3　訴訟手続上の諸原則

訴訟手続の定め　訴訟手続については，憲法で一部の重要な原則が定められているほか，民事訴訟法と刑事訴訟法に定めがある。最高裁判所は**規則制定権**をもち，訴訟に関する手続について規則を定める権限を有するが（憲法77条），わが国では，主要な手続は法律によって定められ，その細目が最高裁判所規則で定められている。

裁判公開の原則　裁判の対審および判決は，**公開**の法廷で行う（憲法82条1項）。これは，一般公衆の傍聴できる状態で審理をすることによって，秘密裁判を避け，裁判の公正を保障し，裁判に対する国民の信頼を高めようとするものである。公の秩序または善良の風俗を害するおそれがあるときには，審理の公開を停止することが認められているが（平成15〔2003〕年に制定された人事訴訟法22条および平成16〔2004〕年に改正された特許法105条の7に具体的な停止手続が定められている），人権を守り**非公開**の濫用を防ぐために，政治犯罪，出版に関する犯罪または基本的人権が問題となっている事件の審理は，つねに公開しなけ

ればならないとされている（憲法 82 条 2 項）。

ところで，裁判といえば，広くは訴訟のほか調停や家庭裁判所の審判も含まれているが，ここで裁判の公開というのは，対立する当事者として権利関係を争う訴訟についてのことであって，調停や審判は，非公開とされている。

当事者主義　民事訴訟は原告と被告という私人間の利益の争いであるから，そこでは当事者が訴訟の主導権をもち，互いに自己の主張をつくして争い，裁判官は，それを整理して勝敗の判断を下すというアンパイアとしての仕事をするにとどまるものと考えられている。これが**当事者主義**または**弁論主義**であって，裁判官が主導権をもって職権で審理を進めるという**職権主義**と対立する。職権主義で裁判官が進んで調べるのが，裁判の公正という点からみて望ましいようにもみえるが，実際には，裁判官が自分でいちいち調べることは困難であり，当事者双方が十分に主張を展開すれば，当事者主義の方が能率がよく，かえって公平にもなりうる。もっとも，当事者主義のもとでも，裁判官は，不明の点について，当事者に質問し，または立証を促すという**釈明権**を行使することによって（民事訴訟法 149 条・150 条），訴訟の進行をはかることができる。これに対して，刑事訴訟では，被告人の人権が直接に問題になる点で，民事訴訟と異なり，職権主義的な要素が加わってくるが，基本的には，やはり検察官と被告人とが主導権をもち，双方の主張の争いに対して裁判官が判定を下すという，当事者主義的な構造をもっている。

当事者主義は，戦後，アメリカ法の影響によって，一時かなり強調された。そこでは，訴訟の勝敗は，弁護士の活動に強く依存

§1 法と裁判　45

することになるので，一方では弁護士の活発な活動を促進する利点をもつとともに，他方で弁護士の活動が十分でない場合には勝つべき者が訴訟に敗れるおそれもある。そこで，裁判官がもっと積極的に訴訟の指揮にあたるべきだという意見も，あらためて主張されてきている。

自由心証主義　裁判における事実の認定は，証拠にもとづいてなされる。証拠調べの方法としては，第三者の証人に対する証人尋問，専門家の鑑定，書面による書証，実物や実地の検証，当事者に対する当事者尋問などがある。その場合に，どの証拠を信頼できるものとして採用するかどうかは，裁判官の自由な判断にまかされており，これを**自由心証主義**と呼んでいる（民事訴訟法247条，刑事訴訟法318条）。英米法では，証拠についての厳格な原則があるが，これには，素人である陪審員に対する配慮が含まれており，キャリア裁判官が事実を認定するわが国とはかなり事情が異なっている。

挙証責任　裁判の事実認定にあたっては，場合によっては，証拠だけではどちらとも判定できないということが起こりうる。刑事訴訟では，人権の保障のうえから「疑わしきは罰せず」という原則があり，裁判官は，証拠から被告人が罪を犯したという確信が得られなければ，無罪にしなければならない。これに対して，民事訴訟では，原告対被告の私人間の利益の争いであるから，証拠からどちらかに有利な判断が得られれば，そちらを勝たせることになる。しかし，それでもどちらが有利とも判定できないときには，ことがらの性質によって，それを挙証すべき責任（**挙証責任**）を負う者の側を負かすものとされている。たと

えば，医療事故の被害者としての患者が損害賠償を求める場合には，民法の一般原則から，加害者としての医師の過失について被害者が挙証責任を負い（民法709条），過失の立証ができなければ，被害者が敗訴することになる。これに対して，自動車事故の場合には，逆に，加害者としての自動車の運行供用者（所有者など）の方で，自己に過失のなかったことの挙証責任を負うものとされている（自動車損害賠償保障法3条）。これを**挙証責任の転換**という。一般的にいえば，条文の本文にある積極的要件については，それを主張する原告が挙証責任を負い，但書にある例外的な消極的要件については，それを主張する被告が挙証責任を負うものとされている。

4 強制執行

裁判と強制執行　　刑事裁判では，有罪の判決があると，刑務所に収容するなど国がその判決の執行にあたる。これに対して，民事裁判は，私人間の争いであるから，「被告は原告に対し金何万円を支払え」という判決があったのに，被告が任意に支払わないときは，勝訴判決を得た原告が被告に対して強制執行をして，それを取り立てることになる。このように，権利の実現をめざして訴訟を起こした原告は，第1段の判決にもとづく第2段の強制執行によってはじめてその目的を達することになる。

強制執行と債務名義　　強制執行をするためには，その前提として，その基礎となる権利の確定が必要である。かりに何万円を貸したという債権証書があっても，その契約が無

効であったり，すでに弁済（支払）があったりすれば，強制執行はできないから，それだけの権利が現存することをまず確定しなければならない。そして，訴訟による判決のように，権利の現存することを確定して強制執行の基礎とすることを認められた文書のことを**債務名義**という。

判決以外の債務名義　判決は債務名義の基本であるが，そのほかに，調停調書・和解調書・支払督促・執行証書など，各種の債務名義がある。

このうち，**支払督促**は，裁判所が，申立てにもとづき相手方の言い分を調べずに支払うよう命ずるものであって，相手方が2週間以内に異議を申し立てると，訴訟に移行するが，異議を申し立てないと**仮執行宣言**が付され，この仮執行宣言付**支払督促**が債務名義となる（民事訴訟法382条〜396条，民事執行法22条4号）。

つぎに，**執行証書**というのは，公証人が作った公正証書で，ただちに強制執行をうけてもよいという執行文言を記載したものである（民事執行法22条5号）。これは，他の債務名義と異なり裁判所の関与なしに作成することができるので，紛争をあらかじめ防止するために広く利用されている。ただ，執行証書も，支払督促も，一定額の金銭の支払，または一定数量の有価証券もしくは代替物の給付を目的とする請求についてだけ認められているので，物の引渡しなどはこれによることができない。

【参考文献】
兼子一・竹下守夫『裁判法』（4版）有斐閣，1999.
三ケ月章『民事訴訟法』有斐閣，1959.
新堂幸司『新民事訴訟法』（5版）弘文堂，2011.

平野龍一『刑事訴訟法』有斐閣，1958．
三ケ月章『民事執行法』弘文堂，1981．
新堂幸司・竹下守夫編『民事執行・民事保全法』有斐閣，1995．

§2 裁判の基準となるもの

法　源　　ここで論じるのは，いわゆる**法源**の問題である。法源とは，法の源（sources of law, Rechtsquellen）であり，裁判官が裁判をするにあたって，よるべき基準となるものである。

法源には，裁判官が制度的に従うべきものとされている法源と，裁判官が事実上従っている法源とを区別することができる。前者は，**制度上の法源**，法律上の法源，規範的法源，あるいは法解釈学上の法源ということができ，後者は，**事実上の法源**，事実的法源あるいは法社会学上の法源ということができる。従来の法源論は，主として前者を問題としながら，後者を無視できないために，両者を混同して論じていることが少なくなく，これが法源論を難解なものとしている。

わが国では，制度上の法源としては，制定法と慣習法があげられ，事実上の法源としては，このほかに判例・学説・条理があげられるのがふつうである。しかし，この両者の区別は，議論の整理のためであって，実際には両者はからみあっている。制度上の法源も絶対的なものではなく，裁判官は必ずしもそれに従っているわけではないし，事実上の法源も，一般に従われているならば，制度上の法源と区別する意味が少なくなるわけである。

1 制 定 法

法源としての制定法 制定法は，法として意識的に定められ，文章の形に表現されたものであり，**法規**とも呼ばれる。それは，**成文法**として，慣習法・判例などの**不文法**と対置することができる。制定法は，制度上の法源として，最も重要なものであるが，事実上の法源としてみても，強い拘束力をもっている。それは，成文法主義の大陸法系諸国においてだけでなく，判例を基本的な法源とする英米法系諸国でも，重要な法源であって，そこでも制定法は判例に優越し，判例法を変更することになる。

制定法は明確な内容をもち，的確に社会統制を行うことのできる点で，他の法源よりすぐれている。しかし，その反面として，それは弾力性を欠くことになり，社会の変化にともなって改変されていかないと，社会の発展に応じえなくなるおそれがある。

制定法の種類 制定法は，大部分が国家の制定した国家法であるが，そのほかに，地方公共団体（都道府県・市町村）の制定する条例などがある。また，私人の定める契約や約款などについても，その法的性質が問題となりうる。

国家法を制定するのは，原則として，立法機関である国会である。国民の権利義務に関連する事項は，国会の制定する**法律**（法一般を指す広義の法律と区別した狭義の法律）の形式で定めなければならない。法律の上に国家の基本法である**憲法**があるが，これは法律とは別の法形式であって，憲法改正には，法律よりも厳格な手続が定められている（憲法 96 条）。法律のなかにも，教育基本

法や環境基本法のように，重要な基本的規定を定めている基本法があるが，これは，法形式としては一般の法律と同等であって，他の法律との間に効力上の上下の関係はない。

行政機関である内閣の定めた法規は**政令**（憲法73条6号），各省の定めた法規は**省令**（国家行政組織法12条）という。政令と省令は，法律の規定を実施するための細目を定めるものであるが，国民の権利義務に関する事項を定めたり，罰則を設けたりするについては，「政令の定めるところによる」というような**法律の委任**が必要である。

このほかに，特殊な法規として，各種の国家機関の定める**規則**がある。これには，国会の両議院が，各々その会議その他の手続および内部の規律について定める議院規則（憲法58条2項），最高裁判所が，訴訟に関する手続，弁護士，裁判所の内部規律および司法事務処理に関する事項について定める最高裁判所規則（同77条），労働委員会その他行政委員会の定める委員会規則（労働組合法26条，国家行政組織法13条），人事院の定める人事院規則（国家公務員法16条）などがある。

地方公共団体，すなわち，都道府県と市町村は，法律の範囲内で**条例**を制定することが認められている（憲法94条）。これは，地方自治の一内容をなしており，公安条例，騒音防止条例など，その地域内の住民の権利義務を規制する条例が制定されている。

私人間の**契約**は，一般に適用される法ではないが，その契約当事者間では，規範としての法的効力をもち，その意味では一種の法ということもできる。労働組合と使用者との間で結ばれる**労働協約**になると，そこで定められた労働条件その他の労働者の待遇

に関する基準に違反する労働契約の条項は無効とされるので（労働組合法16条），法としての性格が強くなる。また，法人の**定款**は，その団体の内部では，法としての働きをもつ。さらに，保険会社の定める保険約款については，保険契約を締結する者からすると，諾否の自由しかなく，個々の内容について契約で変更する余地は事実上存在しない。このように一方的に内容がきめられ，他方の当事者が包括的にそれを承認するか否かの自由しかもたない契約のことを，**付合契約**（または付従契約）というが，この場合の保険約款のような**普通契約条款**（または**約款**）は，その結果として法的な性格を帯びることになる。使用者が労働者の労働条件について定める**就業規則**（労働基準法89条）も，同様な性質をもっている。私人によって定められたこれらの規定は，その法的性格に着目して自治法規と呼ばれることがあるが，それらを一種の法規とみるか，契約の延長とみるかは，何を法と考えるか，それを法と考えることによってどういう結果を引きだそうとするかによって，異なってくることになる。

　以上のほか，本来は国際法である**条約**が国会で承認をうけ（憲法61条），公布された場合に，国内法としての効力をもつかどうかが問題とされる。実際には，国民の権利義務に影響を及ぼす条約を承認した場合には，条約の内容をとりいれた法律が国内法として制定されるのがふつうであるが（たとえば，国際海上物品運送法），理論的には，法律の制定がなくても，条約が国内法としての効力をもちうると解されている。

法の段階的構造と違憲法令審査権　　制定法の内容は，相互に抵触（衝突）することが起こりうる。しかし，文章の表面的

2-2図

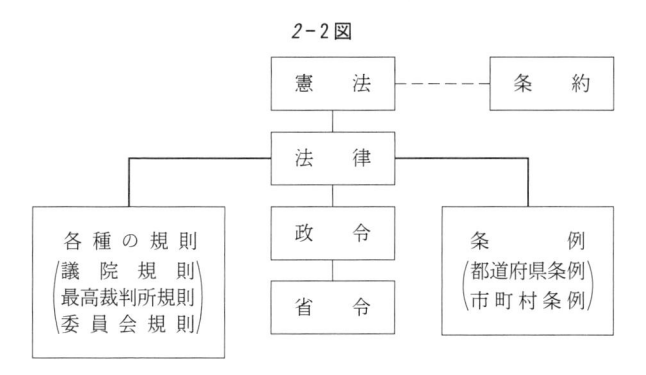

```
        ┌─────────┐        ┌─────────┐
        │ 憲  法  │--------│ 条  約  │
        └────┬────┘        └─────────┘
             │
        ┌────┴────┐
        │ 法  律  │
        └────┬────┘
   ┌─────────┼─────────┐
┌──┴───────┐ │       ┌──┴──────┐
│ 各種の規則│ │       │ 条   例 │
│(議院規則 )│ │       │(都道府県条例)│
│(最高裁判所規則)│ │  │(市町村条例)│
│(委員会規則)│ │       └─────────┘
└──────────┘ │
        ┌────┴────┐
        │ 政  令  │
        └────┬────┘
        ┌────┴────┐
        │ 省  令  │
        └─────────┘
```

な意味には抵触があっても，制定法は法的には全体として統一的な内容のものでなければならない。そこで，その場合に，どちらの法規が優越するかを定める原則が必要となる。

　まず，法規は上下の段階的構造をなして存在しており，上位の法規は下位の法規に優越し，上位の法規に抵触する下位の法規は効力をもたないとされる。これが法の形式的効力の問題である。各種の制定法についてその関係を示せば *2-2図*のようになる。

　この図でみるように，憲法―法律―政令―省令という系列が，国家法としての上下関係の基本をなしている。各種の規則は，その定める所管事項が限定されているが，それが法律と抵触する場合には，法律が優越すると考えられている。地方公共団体の条例は，地域的に適用範囲が限られているが，法律と抵触すれば，やはり法律が優越する。このように，法律は他の法形式に一般的に優越するが，それが，国民の代表者である国会の決定を最高とする民主主義の原理にもとづくものであることは，いうまでもない。

上下の法規の間に抵触があるときには、裁判所は、それを判断して、下位の法の効力を否定し、その適用を拒まなければならない。そのなかで重要なのは、違憲の（憲法に違反する）法令、とくに違憲の法律の効力を審査する**違憲法令審査権**である。明治憲法のもとでは、違憲の法律を制定しないのは、国会の自律的判断によるものであって、裁判所はその点についての審査権をもたないとされていた。これに対して、現憲法は、過去の苦い経験から、憲法の最高法規性を強調する（憲法98条）とともに、裁判所に違憲法令審査権をもたせることとした（同81条）。もっとも、わが国では、ある法令が憲法に違反するかどうかの判断を、抽象的に求めることは認められておらず、たとえば、砂川事件（昭和32〔1957〕年）で罰則の適用の前提問題として駐留軍の違憲性が問題とされたように、具体的な事件に関連して、それに対する適用法規の効力が問題とされた場合に、はじめて裁判所がその違憲性（正面からいえば合憲性）の審査をすることになる。

この点で問題になるのは、**憲法と条約との関係**である。憲法の最高法規性からすると、憲法が条約に優越するという**憲法優位説**が妥当なようにみえる。しかし、憲法の最高法規性および違憲法令審査権の規定（同98条・81条）をみると、条約がはっきり除かれており、国際協調をひとつの基本原則とする現憲法では、条約が憲法に優越する、とする**条約優位説**に、十分な理由がある。このように、両説は対立しているが、最高裁判所は、砂川事件の判決（最高裁判所昭和34年12月16日大法廷判決）において、米軍の駐留を認めた日米安全保障条約につき、それは**高度の政治性**を有するものであって、その違憲性の法的判断は、司法裁判所の審査

には原則としてなじまず，一見きわめて明白に違憲無効であると認められないかぎりは，司法審査権の範囲外にあるとした。

特別法は一般法に優先する つぎに，形式的効力のうえで同等の法規，たとえば2つの法律の間で抵触がある場合を考えてみよう。一例をあげると，債権の消滅時効の期間は，民法では10年（民法167条1項），商法では5年（商法522条）となっている。この場合に，商法の規定は，私人間の債権のうち，商取引によって生じた債権についての特則を定めたものである。こういう特別の関係について定められた法規を，**一般法**に対する**特別法**といい，「特別法は一般法に優先する」という原則によって，商取引については商法が民法に優先して適用されることになる。一般法・特別法というのは相対的な観念なので，民法に対する特別法である商法も，手形法との関係では一般法になり，手形の消滅時効については，特別法である手形法の規定（手形法70条）が適用されることになる。

後法は前法に優先する さらに，法令が新たに制定され，または改正された場合には，「後法は前法に優先する」あるいは「後法は前法を廃する」という原則がある。法令の制定・改正の場合には，それと抵触する規定はそれに応じて削除されるか改正されるのがふつうであるが，それが残されていた場合でも，後法が優先する。これは双方が同等の効力をもつ法規の間の問題であって，一般法と特別法の間では，特別法優先の原則で効力がきまることになる。

法律不遡及の原則 新たに制定され，または改正された法が，それ以前の関係に適用されると，既得権を

害したり，予測を裏切ったりして，法的安定性を害することになる。そこで，一般に，法規は遡及効をもたないという**法律不遡及の原則**がとられている。とくに刑罰については，人権保障の見地から，**事後法の禁止**（あるいは遡及処罰の禁止）として憲法に定めがある（憲法39条）。しかし，その他の領域では，立法政策の問題として遡及効を避ける方針がとられているだけであり，法的安定性をある程度害しても，新法の原則を適用したいという強い要請がある場合には，遡及効の規定がおかれることがある。戦後の家族法の改正の場合は，その例である（昭和22年改正民法附則4条）。

制定法の効力は自然に消滅しうるか　制定法と異なる慣習が広く行われるようになった場合に，制定法の効力は自然に消滅することになるだろうか。これは**慣習法の制定法改廃力**（または成文法改廃力）の問題として論じられる。しかし，この問題は，制定法と異なる慣習が積極的に生じない場合でも，消極的に制定法が適用されないというだけでその効力が消滅するか，という広い問題として考えることができる。

　制定法は長く適用されない場合でも形としては存在するから，ここでの問題は，裁判所がやはりその法規を基準として裁判しなければならないかどうかということになる。その場合に，立法者としては，その制定法を改廃しない限りその適用を求めているとみられるから，その効力を否定しないのが原則である。しかし，その適用の合理的基礎が失われたのに立法者が改廃を怠っている場合には，裁判所は，例外的に，その適用を拒否することができよう。ただ，法の解釈を弾力的に考えていけば，これは法の解釈

の問題の1つとして解決しうるのに対して，法規がある以上，文字どおりそれに従わなければならないという硬直な考え方をとると，慣習法の制定法改廃力というような特別の問題として論じなければならなくなるわけである。

2 慣 習 法

制定法と慣習法　近代国家においては，制定法，とくに国家法が中心的なものとなり，慣習法はそれに対する補充的なものにすぎなくなる。**慣習法**は，商人仲間とか，村落団体のなかなどで自然に生成した法規範であって，その仲間の間では強い拘束力をもっている。しかし，そのなかで，合理的なものは国家法にとりいれられ，それ以外は，制定法で認めたもの，および，制定法に規定のない事項に関するものに限り，法律と同一の効力があるとされるにすぎなくなっている（法適用通則法3条）。たとえば，入会に関する慣習は，民法で国家法としての効力を承認されている（民法263条・294条）。また，譲渡担保や内縁は，判例によってその法的な効力が認められたものであるが，そうなったのは，その点の制定法が欠けているために慣習法が適用されたのだと説明されたりする。しかし，譲渡担保は，質権の目的物である動産を債務者が占有することの禁止（同345条）に違反し，また，内縁は，婚姻は届出によって効力を生ずるとする規定（同739条）に違反するとして，判例とは逆に，その法的効力を否定することも，論理的には可能である。したがって，制定法が欠けているとして慣習法の効力を認めるかどうかも，やはり法の解釈につながる問題である。

58　第2章　法の適用

商慣習法と事実たる慣習

慣習については，上記の一般原則のほかに，特殊な効力を認められる場合がある。

第1は，**商慣習法**であって，商法よりは後になるが，民法には優先して適用される（商法1条2項）。商慣習法は，商取引について発生した慣習法として合理性があるので，民法に先んじて適用することとしたのである。たとえば，白紙委任状付で記名株式を譲渡する慣習は，かつて商慣習法としてその効力を認められていた。しかし，昭和25（1950）年の商法改正で，譲渡証書付での譲渡が認められたので，この商慣習法は意味を失った。なお，昭和41（1966）年の商法改正では，株券の交付だけで株式の譲渡ができることになった（同205条〔会社法128条1項〕）。

第2は，**事実たる慣習**と呼ばれるものであるが，これを説明するには，強行法規と任意法規の説明からはじめなければならない。まず私法上の規定のうち，公の秩序に関する規定は，契約でそれと異なる定めをしても効力はなく，**強行法規**（強行規定）と呼ばれるのに対して，公の秩序に関しない規定は，**任意法規**（任意規定）と呼ばれ，それと異なる定めをすればその定めが有効となり，任意法規に優先することになる（民法91条）。物権や家族に関する規定は，第三者に影響が及んだり，一種の制度となっていたりするので，原則として強行法規とされるのに対して，債権に関する規定は，主として当事者間だけの問題であるので，原則として任意法規とされている。そこで，たとえば，商品売買について，その引渡しは買主の住所でするという持参債務の規定があるが（同484条），これと異なる特約をすればその特約で定めた場所で引渡しをすることになる。ところで，このようなはっきりした特

約がなくても、任意法規と異なる慣習があって、契約当事者がそれによる意思をもっていたと認めるべき場合には、その慣習に従う、とする規定がおかれている（同92条）。そこで、たとえば、商品売買の場合に、商品の種類によって、倉庫で引渡しをするというような、民法484条と異なる慣習があれば、その慣習によるという特約をしなくても、とくに反対の意思を表示しない限り、その慣習によることになる。

この慣習（同92条）は、慣習法（法適用通則法3条）と異なり、法的確信によって裏づけられていなくてもよいとされ、その意味で、ふつう**事実たる慣習**と呼ばれている。しかし、条文ではどちらも「慣習」となっており、実際には、取引上の慣習は、民法92条により、当事者の意思を通じた形をとって任意法規に優先することになるのに対して、それ以外の慣習は、法適用通則法3条により、任意法規があれば適用を認められないことになる。

3 判　　例

判例の拘束力　　判例とは、裁判例、つまり裁判の先例であって、いいかえれば、先例となる裁判のことである。裁判での判決は、ほんらいは、その事件の解決方法としてしか意味をもたないはずである。ただ、同一の事件においては、上級審の判決が下級審を拘束するから（裁判所法4条）、最高裁判所によって下級裁判所の判決が破棄され差し戻されたときには、下級裁判所は、法律上の判断については、最高裁判所の判断に従わなければならない。これは上訴制度をとる以上、当然のことである。

判例の拘束力が問題となるのは、この点ではなく、将来の他の

事件に対する判例の拘束力という意味においてである。判例法主義の英米では，判例の一般的な拘束力が認められているが，成文法主義のわが国では，判例は制度上の法源になっていない。

しかし，同じ類型の事件がのちに裁判所にでてきたときには，裁判所は前の判決におけると同様の判断をする可能性が強い。これは，同じ裁判官が裁判する場合だけのことではなく，判例が統一性を保ち，かつ，みだりに変更されないことが，法的安定性の見地から，要請されるからである。その点で，制度上も，最高裁判所が自己の判例を変更するには，15人の裁判官全員で構成する**大法廷**で判断をしなければならないとされている（裁判所法10条3号）。そして，実際には，判例の変更は容易に行われず，判例は事実上の法源として強い拘束力をもっている。判例あるいは判例法という名称は，このような拘束力に着目したものである。

広く判例といっても，その拘束力には，程度の差がある。最高裁判所の判例は，裁判所全体を通じて，最終の，かつ統一された判断を示したものであるから，その拘束力は強く，これだけがほんらいの判例の名に値するという考え方もある。しかし，高等裁判所以下の下級裁判所の判決も，一種の先例としてある程度の事実上の拘束力をもつことは，否定できない。また，古い判例よりも新しい判例，1回だけの判例よりも反復された判例が，強い拘束力をもつことは，当然である。

判決理由と傍論　広く判決の理由として述べられているもののなかで，その事件についての実質的結論を引きだすために決定的な理由になっている部分を，**判決理由**（ratio decidendi）といい，それ以外の部分を**傍論**（obiter dicta）という。

判例のなかで，将来に向かって先例としての拘束力をもつべきものは，このうちの判決理由だけである。

たとえば，内縁の不当破棄の場合に，内縁の妻から内縁の夫に対する慰謝料請求を認めたとされる婚姻予約有効判決（大審院大正4年1月26日連合部判決）は，実は，内縁の妻が不法行為による慰謝請求をしたのに対して，婚姻予約の不履行という債務不履行による損害賠償請求の道があるから，それによるべきだとして，不法行為による請求をしりぞけたものであった。そうすると，その真の判決理由は，内縁の不当破棄について，不法行為による損害賠償請求は認められないという点にあり，婚姻予約が有効で債務不履行による損害賠償がとれるというのは傍論にすぎないことになる。

先例として価値をもつべきものはほんらいは判決理由なのであるが，傍論も裁判所の意見の表明として意味がないわけではなく，実際には上の内縁の例のように，傍論が発展して，先例として機能することも少なくない。しかし，判例はその事件を解決するのに必要な範囲でのみ意味をもつものであり，将来への拘束力をもつべき判決理由を，この必要な範囲に限定して考えていくことは，その反面としての裁判官の自由な判断の余地を広くし，それぞれの事案に即した弾力的な解決が得られやすいようにすることになる。したがって，判例をみる場合に，判決理由と傍論とは，やはりはっきり区別して考えなければならない。

判例の変更 わが国で，最高裁判所の判例の変更は，大法廷を開かなければならないことのほかは内容上は自由であるが，実際には容易になされない。ひとたび判例が確立する

と，将来もそれが維持されるとの予測のうえに，種々の関係が形成され，それを変更することは法的安定性を害することにもなる。裁判所も，これを考慮して，法的安定性をある程度害しても，具体的妥当性のある解決をする利益の方が大きいと思われる場合に，はじめて判例を変更することになる。なお，判例法主義の国のなかで，イギリスでは最高の裁判所である貴族院の判例が最近まで変更を認められなかったが，アメリカでは以前から最高裁判所の判例の変更が可能であった。

　判例の変更は，実質的には法の変更であり，ほんらいは立法によってなすべきことかもしれない。しかも，立法は原則として遡及しないのに対して，判例の変更は過去の事件についてなされるので，法的安定性を害するおそれが大きい。しかし，立法による法の改正が，容易に行われないことを考えると，判例の変更によって，社会の変化に応じた妥当な解決がなされる利益は，やはり大きいというべきであろう。

　　判例変更の例　　わが国で判例が変更された例は少なくないが，ここではつぎの例をあげておこう。
　　(1)　尊属殺の事件　　尊属殺人罪については，一般殺人罪の死刑または無期もしくは3年以上の懲役に対して，死刑または無期懲役という重い法定刑が定められていたが（刑法199条・200条〔平成7 (1995) 年改正により削除〕），これが憲法14条1項の法の下の平等に反するかどうかが問題となった。最高裁判所は，はじめ憲法違反でないとしたが（最高裁判所昭和25年10月25日大法廷判決），のちにこれを変更して憲法違反になるとした（最高裁判所昭和48年4月4日大法廷判決）。最高裁判所の裁判官には少数意見の表明が認められているが（裁判所法11条），はじめの判決では違憲論と合憲論の比率が2：13だったのが，あとの判決では14：1に逆転した。
　　(2)　公務員の争議行為　　国家公務員法は，公務員の争議行為を禁止

し，これをあおる等の行為に刑事罰を科しているが（国家公務員法98条2項・110条1項17号），憲法28条の労働基本権の保障に反しないように，争議行為およびあおり行為を違法性の強いものに限定する，という合憲限定解釈が一時とられていた（最高裁判所昭和44年4月2日大法廷判決〈全司法仙台事件〉。これは最高裁判所昭和41年10月26日大法廷判決〈全逓東京中郵事件〉の延長線上にある）。しかし，これはのちに変更され，違法性の強弱を問わずに，争議行為およびあおり行為を罰するのは，違憲でないとされた（最高裁判所昭和48年4月25日大法廷判決〈全農林警職法事件〉）。まえは合憲限定解釈が8：7で多数だったのが，ここでは5：8と逆転している。

(3) 有責配偶者からの離婚請求（133頁参照）。

4 学　説

学説の影響力　　学説は，実際には，裁判にかなり大きな影響を及ぼしている。歴史的には，古典時代のローマのように，学説が法源として公に認められたこともある。しかし，現在では，学説は，直接に裁判の基準とされるわけではなく，法の解釈を通じて裁判に影響を及ぼすものと考えられる。したがって，学説は，制度上も，事実上も，法源とはいえない。

学説の態様　　学説には，現行法の解釈としての**解釈論**と，将来の立法を求める**立法論**とがあるが，ここで法の適用について問題とするのは解釈論である。学説は，ある結果を望ましいと考えた場合に，第1段にはそれを解釈論として構成しようとするが，その構成が困難なときは，第2段にそれを立法論として主張することになる。

　学説は，通説・多数説・少数説などとして引用される。**通説**は有力な反対なしに一般に承認されている説である。**多数説**と**少数**

説とは，学説が分かれている場合に，それを学者の数で評価したものであるが，学説の影響力を考える場合には，質的な有力さの程度も加味して考える必要がある。また，少数でも有力なものは，**有力説**と呼ばれたりする。

5 条　理

法の完結性と法の欠缺　制定法はすきまなしにすべての事件を覆いつくし，その解決はすべて制定法から演繹的に引きだされると，かつては信じられていた。これが**法の完結性**の考え方である。しかし，立法者が将来起こりうるすべての場合を予想して立法することは不可能であり，立法者の予想しなかった事件や，社会の変化によって生じた新しい型の事件については，**法の欠缺**（すきま）があることを，事実として認めざるをえない。刑事裁判では，法規のない場合は，すべて無罪とすればよいが，民事裁判では原告と被告のどちらを勝たせるかをきめなければならず，適用すべき法がないからといって裁判を拒むことはできない。そのような事件については，既存の法規をむりに適用して事案に即しない解決を押しつけるべきではなく，適用すべき法のないことを率直に承認して，事案に即した妥当な解決をはかるべきである。

条理の意味　このように適用すべき法がない場合に，裁判のよるべき基準とされるのが**条理**である。条理の語は，明治8（1875）年太政官布告第103号裁判事務心得3条の「民事ノ裁判ニ成文ノ法律ナキモノハ習慣ニ依リ習慣ナキモノハ条理ヲ推考シテ裁判スヘシ」という規定に由来する。条理の内容は，事

物自然の道理 (Natur der Sache) であり，スイス民法1条の「この法律に規定がないときは，裁判官は慣習法に従い，慣習法もないときは，自己が立法者ならば法規として定めるであろうと考えるところに従って裁判すべきである」という規定は，裁判が最後によるべき条理の内容を示したものと考えられている。つまり，条理とは，はじめから形をなして存在するものではなく，具体的な事件について，その事案に即した妥当な解決を考える場合のルールのようなものであり，それを便宜上条理と呼んでいるのである。なお，条理は，制定法や契約の内容を明らかにする場合の基準としてあげられることもあるが，これは法の解釈あるいは契約の解釈の問題として考えていけばよい。

条理は法か こうしてみれば，条理が法でも法源でもないことは，明らかであろう。ただ，裁判は法によってなされなければならないという，**法による裁判**の原則からすると，裁判が条理によってなされるならば，条理は論理的に法でなければならないことになる。しかし，よるべき法が存在しない場合に，裁判が法によらず条理にもとづいてなされることは，事実として認めなければならない。法による裁判の原則も，法のない場合に不可能を強いることはできないし，条理を法と強弁することによって，その原則がみたされるわけでもない。

【参考文献】

高野雄一『憲法と条約』東京大学出版会，1960.
宮沢俊義『憲法』(改訂版) 有斐閣，1973.
我妻栄 (遠藤浩・川井健補訂)『民法案内1』〔第2版〕勁草書房，2013.

§3 法の解釈

1 事実認定と法の解釈

三段論法による法の適用　裁判における法の適用は，形式的には三段論法の形でなされる。たとえば，医療事故による損害賠償請求の訴訟においては，大前提として，「故意又は過失によって他人の権利又は法律上保護された利益を侵害した者は，これによって生じた損害を賠償する責任を負う」（民法709条）という適用法規が定まり，小前提として，被告の過失によって原告の病状が悪化したという事実が確定されれば，「AはBなり」，「CはAなり」，「ゆえにCはBなり」という三段論法に従って，「被告は原告に何万円を支払え」という結論が，判決としてでてくることになる。この場合に，裁判官としてなすべき仕事は，第1に事実認定，すなわち事実関係を確定することであり，第2にその事実関係に適用すべき法規とその意味を明らかにすることである。

事実認定と裁判官　まず事実認定についてみると，上の例で被告に過失があったかどうかは，広い意味での事実認定の問題であるが，どういう状態のもとで事故が起こったかという事実は，純粋な事実認定の問題であるとしても，そこでの被告の行為に過失があったかどうかについては，法的な評価が加わってくる。民法709条の「過失」というのは，たんに不注意という常識的な事実概念ではなくて，不法行為として損害賠償

をさせるに値するだけの不注意があったかどうかという法的評価を含む法的概念だからである。そして、事実概念としての不注意は、実際には軽いものから重いものまで量的な差をもって連続しているが、過失としての法的評価においては、それをある箇所で切断して、そこから重い方は過失があり、そこから軽い方は過失がないとして、わりきらなければならない。このように法的概念においては、その境界線をどこに引くかが問題であり、それを通じての法的解決は白か黒かの二者択一になるのがふつうである。これは、法律用語・法律概念について、つねに起こる問題である。また、純粋な事実認定にしても、客観的真実は容易に明らかになるものではなく、裁判官は証拠の取捨選択を通じて、その事件の解決に必要な事実を認定していくことになる。

適用法規と裁判官 つぎに適用法規についてみると、第1に、その事件に適用すべき法規が何かが問題となる。たとえば、交通事故による損害賠償についても、歩行者が列車にはねられた場合には不法行為の規定（民法709条）が適用されるが、列車の乗客が列車の衝突によって負傷した場合には、不法行為の規定を適用すべきか、それとも、目的地まで安全に運ぶという旅客運送契約の不履行として、債務不履行の規定（同415条、商法590条）を適用すべきかが問題となり、両者の競合をどうみるかによって適用法規が違ってくることになる。また、航空機の墜落事故で地上の第三者が損害をうけた場合には、民法709条の過失責任の原則が文字のうえでは適用があるが、民法は航空機事故を予想せずに作られたもので、そこには法の欠缺があり、このような航空機事故については、ことがらの性質上、航空機側

に過失がなくても損害賠償責任を負わせるべきだという無過失責任論を、いわゆる条理としてもちだすことも可能である。これらの適用法規の決定は、広い意味での法の解釈の問題に属するといってよい。

さらに、民法709条の適用があるとした場合にも、その条文の解釈、たとえば、過失とは何か、権利侵害とは何か、過失のある行為と権利侵害による被害との間にどのような因果関係があればよいか、ということが問題になる。それを明らかにするのは、狭い意味での法の解釈の問題である。そして、第1の適用法規の決定と第2のその法規の解釈とは、広く法の解釈の問題として密接に結びついている。要するに、裁判における適用法規は、法規がその文字どおりのなまの形で適用されるのではなく、解釈によって、その意味を定められたうえで適用されることになる。このことから、なまの形の法規は法源であっても厳密な意味の法ではなく、そこから、解釈を通じて引きだされたものが、まさに法であるということもできよう。

裁判官の判断とその理論構成　上にみたように、事実認定においても、適用法規についても、裁判官の判断が介入することは、避けることができない。しかも、結論としての判決は、大前提たる適用法規と小前提たる事実関係との機械的な組み合わせから、自動的にでてくるものではないのである。

裁判官の判断の過程を具体的に分析してみると、つぎのようになるであろう。裁判官は、まず、事件の具体的事実関係のなかから、それに即した具体的に妥当な結論をみいだそうと努め、つぎ

§3 法の解釈

に，そこから得られた結論を，法規からの理由づけによって正当化しようとする。その場合に，法規はけっして文字そのままの固定的なものではなく，裁判官は，結論の理由づけに適合するように，解釈によって法規を操作していく。しかし，その結論の理由づけが，法の解釈からは論理的にむりだと思われる場合には，裁判官は，最善と思われる結論を捨てて，次善の結論を求め，それについてさらに理由づけを試みることになる。このように，結論とその理由づけとの間の試行錯誤の過程を経て，裁判官の最終的判断が固まっていく。

しかし，それを判決文にあらわすときには，あたかも法規から自動的ないしは必然的にその結論が導きだされたかのように，三段論法的な構成で記述されるのがふつうである。それは，判決は法規から演繹的に導きだされるという，伝統的な考え方に従っているためであるが，それは同時に，唯一の正しい結論だということで，判決に権威をもたせようとすることにもなるであろう。

上に述べたのは，試行錯誤の過程を，いわば顕微鏡的に拡大して示したものであって，実際には，結論と理由づけとは同時的に裁判官の頭にうかぶことが多く，練達した裁判官ほど，そうなるはずである。

2 法の解釈の性質

概念法学と自由法学　以上のような裁判官の判断の仕方は，是認してもよいであろうか。「法による裁判」という要請は，それによって損なわれないであろうか。これに対する答えは，裁判というもの，あるいは法による社会統制と

いうものをどう考えるかによって違ってくる。

　19世紀のドイツ法学を支配していた**概念法学**の考え方によれば，上のような判断の仕方は，恣意的で誤りであるとして排斥される。それによれば，裁判官は，定められた法に厳格に従って判断しなければならない。法規の意味について疑問があれば，解釈は必要であるが，それは文字と論理の操作とによって，法規の唯一の正しい意味を明らかにするものである。法は全体として完結性をもち，欠缺がない。そして，裁判官の認定した事実に対して法規を適用すれば，三段論法によっておのずから結論がでてくる。結論がその事件に妥当であるかどうかは顧慮すべきではなく，それが妥当でなくても，法がそうなっているのだからやむをえない。それを改めるのには，立法によるほかはない。

　このような概念法学のもとでは，裁判官は，法を形式的に三段論法によって適用する自動機械のようなものであり，それが裁判官のあるべき姿だと考えられる。そこにみられるのは，法規への過度の信頼と，裁判官への大きな不信である。それは具体的妥当性（あるいは正義）を犠牲にして，法的安定性に奉仕する。法が主権者の命令として絶対的なものと考えられる場合，法典の編纂(へんさん)直後の場合，あるいは，社会が静止的な場合などには，このような考え方が強くあらわれ，それなりの役割を果たすことがある。しかし，このような硬直な考え方は，法を社会の発展の障害とするおそれがあり，法や法律家に対する批判や偏見も，このような考え方を対象としていることが少なくない。

　この概念法学に対して，**自由法学**ないしは自由法運動が，19世紀末から20世紀初頭にかけて，フランスやドイツを中心に盛

んとなった。それは，法規からの機械的な演繹を排し，法の欠缺を認めるとともに，具体的な社会的事実のなかから，自由に，かつ科学的に法を発見すべきことを説き，裁判官の法創造的作用を強調する。それは，法的安定性よりも具体的妥当性を重んじる。この考え方によれば，前に述べたような裁判官の判断の仕方は，当然のこととして是認されよう。そして，法典の編纂後かなりたった場合や，社会が変動し発展する場合には，法と社会的事実とのくい違いが増大し，このような考え方が強くあらわれることになる。

その後，自由法学は，自由な判断を強調し，判断の基準を欠いたために，一方では感情法学として批判された。しかし，他方では，その判断基準を社会的事実そのもののなかに求めようとして，社会学的法律学や法社会学への道が開かれていった。また，アメリカでは，1920年代から30年代にリアリズム法学があらわれ，裁判が実際には法規や判例からの演繹によってなされるものではなく，法的安定性や将来の予測を求めるのは，きわめて困難であることが主張された。

法と裁判官 現在でも，裁判官の活動について，厳格に法規に拘束されるべきだという考え方と，具体的な社会的事実のなかから自由に法を発見すべきだという考え方とが，類型的には対立している。概念法学の硬直な考え方は，批判され克服されたようであるが，そのなごりはまだかなり強く残っている。

この点については，自由な柔軟な考え方を基本としながら，つぎのように考えることができよう。裁判ないしは法的統制の目的は，法律問題ないしは法的紛争の合理的処理を通じて，社会の利

害を妥当に調整することにあるはずである。大岡裁判などでは，そのことがはっきりしていたが，よるべき基準がなければ，裁判は恣意的となり，資本主義社会にとくに必要な予測可能性をもたず，法的安定性を欠くことになるために，近代的な法典の編纂が行われ，裁判官は法規に従って裁判しなければならないものとされた。しかし，概念法学のもとでは，それが強調されすぎたために，具体的に妥当な解決という裁判の究極の目的はおろそかにされたようにみえる。

ところで，法規は必ずしも起こりうるすべての場合を予想して作られるものでもなく，また，はじめに予想することのできなかった新しい事態も生じてくる。裁判でとくに争われるのは，このような，法規を機械的に適用するのが妥当でない場合が多い。つまり，法規はいわば通常の場合に適用されるべき一般原則を示したものにすぎず，裁判で争われるのは，むしろそれからはずれたような事件である。それを妥当に解決するのが裁判官の仕事であり，その妥当な解決は，その事件の具体的事実のなかからみいだしていかなければならない。その場合に，その結論は，法規から演繹的にではなく，裁判官の自由な創造的作用ないしは全人格的判断を通じて，その具体的事実のなかから引きだされる。そして，それを理由づけ，ひとを納得させるために，解釈を通じて操作された法規その他の法源が根拠として引かれてくることになる。そこで重要なのは，法規からの形式的理由づけではなく，その結論が妥当であることの実質的理由づけである。従来の裁判は，実際には意識的または無意識的に上のような過程をたどりながら，概念法学からの伝統によって，実質的判断を示すことを避け，法規

からの形式的演繹で結論がでたかのように装い，それによって裁判の権威を保とうとした。しかし，今後の裁判は，結論がすべて法規から演繹されるという幻想を捨て，その結論が妥当だという実質的理由を明らかにすべきだと考えられる。

複数の解釈の可能性 1つの条文については，唯一の正しい解釈が存在するのか，それとも複数の解釈が成り立ちうるのか。概念法学は，唯一の正しい解釈が存在し，法の解釈はそれを明らかにするものだと考えた。しかし，法の解釈が，唯一の真理を明らかにするものならば，著名な法律家や裁判官の間で多種多様に意見が分かれるということは起こりえないはずである。

　法の解釈は，少なくとも自然科学における真理の探究とは異なるし，また，文学において文章の意味を明らかにするのとも異なっている。法の解釈は，法規をたんなる客観的存在としてその意味を明らかにするにとどまるものではなく，社会統制のための規範として，その規範的意味を明らかにするものである。そこでは，具体的な社会的事実をどう処理するのが妥当かという価値判断，ないしは法政策的考慮が介入することを，避けることができない。文章の解釈は，内から外へ意味を抽出するのに対し，法の解釈は，外から内へ意味を賦与するものであり，その点で神学における教義の解釈と類似するといわれたりするが，両者ともその対象の規範的意味を明らかにするものであるから，その性質が類似することも当然といえよう。

　法の解釈の相違・対立は，党派的対立の激しい分野ほどいちじるしいが，それはそこに価値判断が介入するからである。たとえ

ば、憲法9条が自衛のための軍備を許すかどうかについては、政治的な対立が解釈の対立としてあらわれている。労働法や借地借家法では、労働者と使用者、借地人・借家人と地主・家主のどちらに味方するかによって、解釈が対立する。民法や商法については、取引の当事者が対等な立場に立ち、ときによってその地位を相互に交換するような互換性があるために、このような両極間の対立は少ないが、それでも具体的利害をどう調整すべきかの考え方によって、解釈が違ってくる。

また、1つの事件における原告と被告とは、事実認定のほかに法の解釈でも対立することが多いが、それは一方が誤った解釈をむりに主張するわけではなく、どちらも自分の立場から妥当と思われる解釈を主張しているのがふつうであり、それに対して、さらに裁判官が、第三者の立場からみた妥当と思われる解釈によって、結論を下すことになるのである。

このような複数の解釈のうちには、条文から導きやすい解釈とか、条文からむりな解釈とかという差はあっても、1つだけの**正しい解釈**があるというわけではない。条文の解釈には、文字の意味からの遠近の差をもちつつ、かなりの幅があり、複数の解釈が可能である。裁判官は、そのなかから、事実関係との組み合わせによって、妥当と思われる解釈を選択するのである。それは決断を伴うひとつの実践行為である。要するに、真理という意味での「正しい解釈」は存在せず、「**妥当な解釈**」あるいはそれと同じ意味での「正当な解釈」を、われわれは求めることになるのである。

もっとも、法規の解釈の幅、これを裏からいえば、裁判官の判

断の幅に対する法規の枠の強さは、場合によってかなり異なっている。税法のように厳密かつ公平な徴税をめざす分野においては、詳細な規定がおかれており、解釈の幅はかなり狭い。これに対して、民法の分野では、当事者間の妥当な解決がはかられればよいから、法規の枠はゆるやかである。また、時代や国によっても差があり、わが国では法規の枠をかなり強く考えてきたように思われる。

解釈を指導するもの 解釈をするにあたっては、何を指針とすべきであろうか。いわゆる**立法者意思説**と**法律意思説**との対立は、この点に関するものである。前者は、立法にあたった立法者の意思に従って解釈すべきだとするのに対し、後者は、法規から客観的に読みとれるところに従って解釈すべきだとする。たしかに、立法者の意思は、解釈の重要な資料であり、国会や審議会の議事録は、しばしば引用される。しかし、それはけっして絶対的なものでなく、法規は立法者の手をはなれれば客観的な存在となるのであるから、必ずしも立法者の意思にとらわれず、法規そのものをもととして解釈をしていかなければならない。

これとは別に、制度や法規の歴史的沿革によって解釈をする**歴史的解釈**ともいうべき方法がとられることもある。しかし、制度や法規は歴史の発展のなかでその意味を変えていくのであり、歴史もひとつの参考にすぎない。また、制度や法規のめざす目的に従って解釈するという**目的論的解釈**も唱えられる。これは、必ずしも法規の文言にとらわれずに妥当な社会統制をはかるという点で、概念法学的な解釈に対立するものであり、有力に主張されている。ただ、その場合の目的が何かは、解釈者の価値判断によって異なりうることに、注意する必要がある。

法の解釈にあたって，**法的安定性**と**具体的妥当性**との調和をどうはかるかも，重要な問題である。しかし，多種多様な社会的事実について，その法的結果を十分に予測することは困難であるし，裁判はほんらい，紛争の具体的に妥当な解決をはかるべきものであることを考えると，裁判官は，具体的妥当性を基本としつつ，法的安定性を損なわないように配慮するという態度をとるべきだと思われる。

3 法の解釈の方法

解釈の技術 　法の解釈においては，以下に述べるような種々の技術が用いられる。異なる解釈技術を用いれば，正反対の結果が生じることがありうるが，その場合にどの技術によるべきかを，技術自体のなかからきめることは，困難である。それをきめるのは，その法規の適用される社会的事実を，どう処理すべきかという実質的判断であり，それを法規から理由づけるのに適する解釈方法がとられることになる。

文理解釈と論理解釈 　**文理解釈**は，法規の文字のもつ意味を明らかにするものであり，文学の解釈に類似する。たとえば，「土地の工作物の設置又は保存に瑕疵があることによって他人に損害を生じたときは，その工作物の占有者は，被害者に対してその損害を賠償する責任を負う」という規定（民法717条1項本文）があるが，そこで「土地の工作物」というのが，「土地に接着した工作物」，すなわち「人の作業によって作られた物で土地に接着するもの」を指すというのは，文理解釈である。法律の制定直後には，その意味を明らかにする必要があり，また

法規と現実とのくい違いが少ないために，文理解釈が広く行われる。

　しかし，法は全体として一貫した体系をなすべきものであるから，2つ以上の法規や制度の間に表面上の矛盾があるときは，論理の操作によってそれを整合的に**論理解釈**をする必要がある。たとえば，道路も一種の土地の工作物といえようが，道路の設置・管理の瑕疵による損害については，別に国家賠償法で，国または公共団体が賠償責任を負うという規定（国家賠償法2条）があるので，道路には民法の適用はないことになる。法規は，一般に，いちおう文理解釈をしたのちに，論理解釈をすべきだということになるが，これだけで解釈がおわるわけではなく，実際の解釈はこのほかにいままで述べた種々の考慮を加えて進められていくことになる。

拡張解釈と縮小解釈　上にあげた「土地の工作物」について，土地に直接に接着したものだけでなく，土地に接する建物のなかに備えつけた機械も含まれるという解釈をすれば，それは文字ほんらいの意味からの**拡張解釈**になる。これに対して，もとの意味を狭めるのが**縮小解釈**である。この両者は，解釈の技術というよりは，実質的判断の結果として，法的概念の包む範囲が拡大または縮小したことを示すのにすぎないものだといえよう。

類推解釈と反対解釈　たとえば，航空機が墜落して地上の第三者に損害を与えた場合に，航空機を「土地の工作物」として，上の規定を適用することは，文字のうえからはむりである。しかし，かつては土地の工作物を危険物の代表的な

ものとみて上の規定が作られたとしたら、今日では航空機がそれにもまさる新しい危険物であるから、上の規定を類推適用することが考えられる。このような**類推解釈**に対して、航空機は土地の工作物でないから、この規定は適用されないというのが**反対解釈**である。

　法規は、文字のうえからは、反対解釈するのが当然のようにもみえる。しかし、土地の工作物を適用の対象としたのが、それだけに限るという趣旨ではなく、危険物を例示したものだとみれば、類推解釈が可能になる。この場合に、どちらの解釈方法をとるかによって正反対の結果が生じるが、どちらをとるかは、やはり法規だけからきまるのではなく、そこに実質的判断が加わってきまるわけである。

擬　　制　　以上は、法規の解釈の技術を示したものであるが、このほかに、適用の対象となる事実関係の認定を動かすことによって、妥当な結果を得ようとすることもある。たとえば、借家人が家主に無断で借家を転貸したときには家主は借家契約を解除することができるが（民法612条）、転貸されていることを知りながら家主が長い間黙っていたときには、裁判官が、黙示の承諾があったとして、解除を認めないことがある。この黙示の承諾というのは、実際には承諾をしていないのに、知りながら黙っていたという事実から承諾があったものと**擬制**をして、妥当な結果を導こうとするものである。このような擬制は、裁判のうえで、重要な役割を果たしている。それは、「嘘の効用」といわれたりする。

4 法解釈学と法社会学

法解釈学は科学か　法学のなかで、以上述べてきたような法の解釈・適用を対象とするものを、とくに**法解釈学**（または解釈法学）という。これは法学の中心をなすものである。

法解釈学については、その性格が科学かどうかが論じられる。科学という言葉が、存在についての客観的真理を探求するという意味で厳密に使われるのならば、法解釈学でどの結論をとるかをきめることは、少なくとも科学ではなく、あるべき当為(Sollen)についての価値判断の加わった一種の政策学であるといえよう。しかし、結論にいたるまでの法規や判例の客観的分析や、そこに客観的にあらわれた価値体系の研究などは、事実についての客観的な研究であるから、科学ということができる。また、解釈のための技術の研究は、技術学と呼んでもよい。法解釈学は、それらの総合であり、その全部が厳密な意味での科学ではないが、それが学問であることはたしかである。しかし、それが科学でないということは、けっして法解釈学の価値を低めるものではなく、それは法の解釈・適用のための学問として高い価値をもつものである。

法社会学の対象と方法　法解釈学に対して、社会に存在する法を、あるがままの存在（Sein）として研究し、その生成・適用・消滅を因果関係において法則的にとらえようとするのが、**法社会学**である。これは法の社会学というよりは、法の社会科学として、真理を探求する厳密な意味での科学たろうとしている。

法社会学の具体的な研究内容としては、法的慣行ないしは生ける法の実態調査、法的慣行―慣習法―制定法の生成・発展の過程の分析、現行法の社会統制上の機能の分析などが行われている。法規や判例の客観的意味を明らかにすることなども、法を科学として研究するものであるが、それは法の解釈と密接に結びついているので、伝統的には法解釈学の一部として取り扱われている。

法学の他の分野　法学には、このほか、法史学・比較法学・法哲学の分野がある。**法史学**は、法制史とも呼ばれるが、法の歴史を研究する。**比較法学**は、日本法と外国法の比較など、各国の法の間の比較研究をするものであるが、英米法・ドイツ法・フランス法などの外国法をわが国で研究するのも、広い意味の比較法学のなかに含めて考えてよいであろう。以上は、法を事実として研究する点で、法社会学と共通性があり、これらを総称して**法事実学**ということもある。

法哲学は、法の哲学であり、法理学ともいうが、その内容は学者によってかなり異なっている。伝統的には、法とは何かという法の概念、法はどういうものであるべきかという法の理念、法学の対象・方法についての法学方法論などが、その内容として取り上げられている。

【参考文献】

川島武宜『法社会学（上）』岩波書店，1958.
川島武宜『科学としての法律学』（新版）弘文堂，1964.
碧海純一『新版法哲学概論』（全訂2版補正版）弘文堂，2000.
矢崎光圀『法哲学』筑摩書房，1975.
団藤重光『法学の基礎』（2版）有斐閣，2007.

ラートブルフ, G.（田中耕太郎訳）『法哲学』東京大学出版会, 1961.
フランク, J.（古賀正義訳）『裁かれる裁判所（上・下）』弘文堂, 1960・1961.

第3章

法 の 体 系

§1 法 の 分 類

1 公法と私法

公法と私法の区分　法は内容的に**公法**（öffentliches Recht〔独〕，droit public〔仏〕）と，**私法**（Privatrecht, Zivilrecht〔独〕, droit privé〔仏〕）に分類されるのが通常であるが，この区分の標準については，従来種々の考え方がある。

　第1の説は，法が保護する利益によって公法と私法を区別しようとするものであり，社会の利益，すなわち公益を保護する法は公法であり，私人の利益，すなわち私益を保護する法は私法であるとする。しかしながら，元来社会自体の利益と社会の構成員たる私人の利益とは，お互いに対立するものではないから，公益と私益を截然と区別することは困難である。したがって，たとえば，社会秩序の維持を目的とする刑法によって，私人の利益が保護され（窃盗の処罰は社会秩序維持という公益を保護するとともに，私人の財産という私益をも保護する），相続法は個人の利益を擁護すると

ともに、社会組織の維持という公益にも役立つ。したがって、法が保護する利益によって公法・私法を区別することは適当ではない。

第2の説は、法をその規律する法律関係の主体により区別しようとするものであり、国家または公共団体相互間の関係、またはこれと個人の関係および国家・公共団体の内部関係（組織・活動）を定める法を公法とし、個人相互間の関係を規律する法を私法とする。この説によると、国家・公共団体と個人との関係は公法に属することになるが、国家・公共団体が私人と同様の資格において個人との関係に立つときは、私人間の関係を規律する法と同様の法律関係として私法が適用される。そのために、国家・公共団体が主体となる法律関係でも、このような場合は例外的に私法が規律することを認めなければならなくなる（たとえば、地方公共団体のバス事業と乗客の関係は、私鉄のバス事業と乗客の関係と同じく私法によって規律される）。

第3の説は、いわば第2の説の欠陥を補うために、法をその規律する法律関係の主体によって区別するのではなく、法律関係の性質によって区別しようとするものである。この説によれば、公法は権力・服従の関係、すなわち不平等者間の関係を規律するものであり、これに対し私法は平等・対等の立場で結ばれた法律関係、すなわち平等者間の関係を規律する法である。したがって、国家・公共団体と個人との関係は、それが権力・服従の関係である限り、公法によって規律されるが、国家・公共団体が私人と同様の資格で個人との関係に立つ場合には、それは平等者間の関係であるから、私法によって規律されることとなる。

こうして第3の説によって第2の説の欠陥は補われるが、この説によると伝統的に公法に属するものとされている国際法（国家間の関係を規律する法）が、公法に入らないことになり、また当然私法に属するものと考えられている親族法の一部が公法に属することになってしまう。つまり、国家間の関係は平等の関係であり、親子の関係は必ずしも平等ではないからである。

そこで、同じく法の規律する法律関係の性質に着目しつつ、国家統治権の発動に関する法を公法とし、そうでない法を私法であるとする第4の説がでてくる。そして、これが最も妥当なものと考えられる。この説によれば、国際法は、国際社会における国家の統治権の作用を規律するものであるという意味において公法に属し、また国家・公共団体が私人と同様の資格において結ぶ個人との関係は、国家の統治権の発動に関するものではないから、私法によって規律されることとなる。

公法と私法の分化　公法と私法の区別はローマ法においては認められていたが、ローマ法継受以前のドイツ中世法、19世紀までの英米法ではこのような区別は認められていなかった。

前述のように、私法は、元来平等な私人の間の関係を規律し、統治権の発動に関係のないものであるから、私法の基本原理は個人が自由に法律関係を形成しうることを内容とする（私法自治の原則）。これに対し、公法は、国家の統治権の発動に関する法であるから、公法上の法律関係は法によって定められ、私人が自由に設定することは認められない。

ところで、近代市民社会は、すべての個人を自由・平等・独立

の市民として認めるとともに、その自由な社会活動を最大限に認めることをたてまえとする。したがって、近代社会においては、私人による自由な法律関係の形成を認め、これによって個人の社会活動の自由な展開を認めることを基本原理とする私法が、重要な地位を占め、国家はこの私人の自由な社会活動の展開を保障するという消極的役割しか認められず（夜警国家の思想）、したがって、公法は、私法の背後においてやむをえない場合にのみ、これに干渉する、という消極的地位を認められるにとどまった（近代社会における私法の優位）。

このような近代市民社会の論理が徹底した英米においては、行政権自体が私法・公法を区別しないコモン・ローの規制に服し、行政権の行使を規制する特別の原理を定める公法を、とくに私法から区別する必要は認められなかった。

これに対し、ドイツやわが国のごとく市民革命が絶対主義の権力を完全に打破するにいたらず、前述のような近代市民社会の論理が完全に貫徹するにいたらなかったところでは、市民社会のなかに温存されたなかば絶対主義的な権力に対し市民の自由を保護するため、とくに行政権に対し法律の枠をはめることが必要とされ（法律による行政の原理）、国家の統治権の発動に関する法が、一般私法と区別されるべきものとしてその独自性を認められたのである。しかしながら、近代社会における個人の自由を基本原理とする私法の優位に対し、公法の私法に対する特殊性・独立性の強調は、逆に絶対主義的な官僚支配の維持に法的根拠を与えることとなったこともまた事実である。

ところで、近代社会においては個人は自由・平等・独立な人格

として認められ，各人が自由に法律関係を形成し，自由な社会活動を展開することによって，各人の幸福が実現し，社会的調和が実現するものと考えられていた（予定調和の思想）のであるが，現実には経済的強者によって経済的弱者の自由な社会活動は妨げられ，自由・平等・独立であるべき人びとの間に，支配と隷従の関係が生まれ，一部の人びとはその社会的生存をもおびやかされるにいたった。このようにして元来私人の最大限の自由な活動を保障するという，いわば消極的役割のみを期待されていた国家は，経済的弱者の生存を維持するために，経済的強者の自由な社会活動に対して，規制を加えるという積極的役割を担わざるをえなくなった（「夜警国家」より「福祉国家」へ）。20世紀の初頭以来，自由主義的な英米法体系においても，社会福祉行政，経済行政，国防行政の発展に応じ，行政権の拡大に対応して，公法の私法よりの分化が登場したのは，このような意味を有する。

公法と私法の融合　20世紀における行政権の拡大は，前述のように英米において公法の分化と独立をもたらしたが，他方この転換にともなう自由主義的国家観の反省と，個人の生存保障の必要性の認識は，従来大陸法系の国々で確立されてきた公法・私法の区別に対しても，新たな転換をもたらした。すなわち，個人の生存保障と，そのための社会活動の自由の制限の必要性についての認識は，ワイマール憲法をはじめとする20世紀の憲法において，**生存権**を中心とした社会的基本権の保障と財産権の制限という形で実定法のなかに結実し，また生存権の理念を中心とする新しい**社会法**思想の発展をもたらし，またこれにもとづく社会法体系の成立・発展をもたらした（この点について

は，219〜222頁参照）。

このような社会法体系は私的所有権に対する公法上の制限，契約の自由の公法上の制限をもたらすことによって，**公法の私法化**，または公法・私法融合化の現象をひき起こすにいたった。

また，たんに社会法の発展にとどまらず，20世紀における国家機能の転換にともなう公企業法や経済統制法の発展は，公法・私法の融合化をもたらしたものということができる。**公共企業体**は公的性格と私的性格の混合した独自の制度として近代法のなかに新しく登場し，**経済統制法**は，生存権思想にもとづく社会法とは別個の観点から，契約の自由という私法原理に対し公法的制限をもたらしたものである。

こうして現在においては，公法・私法の区別はしだいに旧来の伝統的な意味を失ってきているが，それにもかかわらず，なお私人による自由な法関係の余地がまったく否定されない以上，私的自治を基本原理とする私法と，法律関係の法による確定を原理とする公法の区別を，まったく否定することはできない。

司法制度と公法・私法　　大陸法系の国々における伝統的な公法・私法の区別は，元来二元的な裁判制度に対応するものとして意義を有した。すなわち，一般司法裁判所から分離独立し，手続を異にする行政裁判所制度の確立によって，公法と私法の区分は**行政事件**と民事事件の区別の標準として，また具体的な法律関係に適用されるべき法規を決定するための標準として，実定法上も重要な意味を与えられたのである。わが国においては，戦後英米法思想の影響によって，行政裁判所は廃止され，いっさいの法律的争訟は司法裁判所の管轄に属することとな

り（憲法 76 条），公法・私法の区別は実定法上の意味を失ったものと考えられた。しかしながら，なお行政事件と民事事件の区別は実定法上存続を認められ，行政庁の違法な処分の取消しまたは変更にかかる訴訟，その他公法上の権利関係に関する訴訟については，**行政事件訴訟法**による特別の手続が定められている。

2 実定法の体系

公法に属する法

(1) 憲法　国の組織・活動の根本を定める国の基礎法を**憲法**という。たんに憲法と名を冠した法典だけでなく，皇室典範，国会法などが実質的意味での憲法に属する。

(2) 行政法　行政の活動の準則・機関・設備に関する法を行政法と総称する。国家行政組織法，国家公務員法，警察法，地方自治法，教育基本法などがこれに属する。

(3) 刑法　犯罪および刑罰に関する法を刑法という。刑法という名の法律だけでなく，自動車運転死傷行為処罰法，軽犯罪法など，犯罪と刑罰に関するすべての法が，実質的意味での刑法に属する。なお，刑法と刑事手続に関する法をあわせて，**刑事法**と呼ぶことがある。

(4) 訴訟法　裁判所における訴訟手続を定めた法。訴訟法は，民事訴訟法と刑事訴訟法の 2 つに大別される。**民事訴訟法**は，私人間の争いに関する訴訟手続を定めた法であり，**刑事訴訟法**は，犯罪に対し刑罰を科するための裁判手続，およびその前段階としての，犯人の捜査・逮捕等に関する手続を定めた法である。このほか，訴訟手続以外の裁判所における手続，たとえば民事上の生

活関係に関する手続などを定めた**非訟事件手続法**，裁判所における離婚訴訟などの手続を定めた**人事訴訟法**等がある。

なお，このような訴訟または裁判手続を規律する法を総括して，法律関係の実体を規律する**実体法**に対して，**手続法**と呼ぶことがある。実体法は，法主体間の関係そのものを規律するものとして，権利・義務の種類・変動・効果をそれ自体として規律するものであり，手続法は，このような実体法を具体的事件に適用する手続に関する法であり，手段的・技術的性格をもつ（したがって，手続法は時に形式法と呼ばれる）。

しかしながら，社会のなかにおける法律関係を規制せんとする実体法の目的は，対立する利害を統制調和し，社会の秩序だった運行を可能ならしめる手続法と相まってはじめて実現される。私人の間の財産・身分上の法律関係を規律する民事実体法（民法・商法）は，民事手続法（民事訴訟法）と相まってはじめて具体的事件に適用・実現されるものであり，刑事実体法（刑法）と刑事手続法（刑事訴訟法）との関係も同様である。

なお手続法は，広い意味では，訴訟手続に限らず，行政的な手続規定（たとえば，国税徴収法中の手続規定。平成5〔1993〕年には行政手続についての一般法として行政手続法が成立した），民事上の手続法（戸籍法，不動産登記法など）をも含むが，このような場合には，同一法典中に実体規定と手続規定とが，あわせて規定されていることが少なくない。

（5） **国際法（国際公法）**　　国家間の法律関係を定める法。国家間の条約，国際機関の定立する諸規範，国際慣習法等が国際法に属する。

私法に属する法

(1) 民法　　私人の日常生活（社会生活）に関する法であり、主として私人の財産関係と家族関係を規律する。民法もまた、形式的には民法典を指すが、実質的には私人の日常生活を規律する法のすべてが民法に含まれる。

(2) 商法　　商取引、すなわち商人と商行為に関する法。商法は形式的には商法典を指すが、実質的には会社法、手形法、小切手法などの商取引に関する法がすべてこれに含まれ、また商取引の主体（株式会社等）の組織を定める法も同様である。

なお、民法・商法・民事訴訟法・民事執行法などをあわせて**民事法**と呼び、刑法・刑事訴訟法を包括した刑事法と区別することがある。

(3) 国際私法　　自国の国内法と他国の国内法との衝突（抵触）を解決するための法。元来、国内法は自国の領土と領土内の住民（国籍のいかんを問わず）および自国民（領土外にある）に適用されるが、他国の国内法も同様であり、ここに自国法と他国法の衝突が生ずる。この場合に、いずれの国の法が適用されるか（準拠法のいかん）を定めるのが国際私法であり、わが国では「法の適用に関する通則法」という法律によってこれを定めている。

公法・私法いずれにも属さない法

(1) 社会法　　生存権理念にもとづき、私的自治に対する、国家権力または集団的自治による制限を定める法。**労働法、社会保障法**等がこれに属する。

(2) 経済法　　経済に関する法を総称する。主として経済統制法がこれに属し、内容的に生存権理念にもとづかない私的自治

に対する国家権力の介入を規定する経済活動法と，独占経済体の規制と国家・公共団体による経済活動の組織を定める経済組織法がこれに属する。

3 法　　典

法　　典　体系的に編別組織された成文法規の全体を法典と呼び，**六法**が最も代表的なものであるが，そのほか法の各分野に応じ，中小さまざまの個別的法典がある。

　法典は全体として，国法秩序の体系をなし，目的と手段，普遍と特殊の関係において，相互に関連し，また各法典はそれぞれの目的に従い，学問的・論理的，または実際的・便宜的に一定順序に従って法規定を分類配列している。

　近代社会の確立とともに，とくに成文法主義をとる大陸法系の国々では法典編纂の事業が行われ，「不文法より成文法へ」の発展がみられたが，これは近代社会において法規の整理・統一と法的安定性の確保が必要とされたがためである。最近においては成文法主義をとらない英米においても制定法が増加し，法典が重要性をもつようになったのも，近代社会のこのような要請にもとづくものである。

六　　法　各種の法典中，最も重要な6つの法典，憲法・民法・商法・民事訴訟法・刑法・刑事訴訟法の6大法典を六法と呼ぶ。ただし，通常，六法全書と呼ばれる法典集には6大法典以外に，その附属法規のみならず，種々の部門にわたる多数の主要法規が収録されている。

【参考文献】

美濃部達吉『公法と私法』日本評論社, 1935.
伊藤正己『イギリス公法の原理』弘文堂, 1954.
田中二郎『公法と私法』有斐閣, 1955.
丹宗昭信「公法と私法」『法哲学講座 8』有斐閣, 1956.
兼子一『実体法と訴訟法』有斐閣, 1957.
塩野宏『公法と私法』有斐閣, 1989.

§2 国家と法

1 国家と憲法

国　　家　　国家は，複雑な社会の諸現象を包括した組織体であり，政治・社会・経済・思想の多くの側面から考察され，国家の本質やあり方について種々の論議がされている。しかし，ふつうに国家とは，一定の地域（**領土**）を基礎とし，固有の支配権（**主権**）のもとに，一定範囲の人間（**国民**）によって組織される統治団体であると説かれ，領土と国民と主権が国家の三要素といわれる。^(注)

> （注）国家を分類することがしばしば行われるが，この三要素のうちでも主権が最も重要なものであるので，それによる区別が広く行われている。だれが主権をもつかは，通常，国家の政体といわれるので，それは政体による分類であるといえる。この分類によれば，まず主権が国民の少数によって行使されるかどうかにより，専制政体と民主政体とに分けられる。専制政体は，さらにそれが血統にもとづく地位の者であるとき専制君主制や貴族制になり，実力にもとづく地位の者であるとき独裁制になる。民主政体にも国民が直接に主権を行使する直接民主制と，代表者を通じて行使する間接民主制の2つの形態がある。また，君主政体と共和政体の区別もある。君主政体は血統による1人の君主が主権を行使する形式であり，それに国民の政治参与の認められない絶対君主制と，国民もまた政治に参加し主権の一部を行使できる制限君主制（これを立憲君主制ということがある）の2種がある。共和政体は多数の者が主権を行使する形式であるが，今日では国民全体が主権を行使する民主政体を共和政体と呼ぶのがふつうである。

国家は社会学的にみれば一種の団体であるが，その構成員以外の者にも領土内にあるときには，それに統治権を及ぼしうること，その統制力が他の団体のそれに優越することにおいて特殊な性質

をもっている。さらに国家は目で見たり手に触れたりすることのできる存在ではなく、その権力を実際に行使するのは個人であるが、その権力そのものは法によって根拠づけられるのであり、法的にみれば国家は法人であるということができる。そしてこの法人である国家の権力はすべて法によって規律されている。裁判官が判決によって刑罰を科するときも、その行為は法によって根拠づけられている。さらに国家の法が法として力をもつためにも、その根拠が法に求められる。たとえば、適法な立法手続にそって議会の制定した法律が、法として効力をもつのである。このように考えると、国家の構造と作用は、そのすべてが法によって秩序づけられており、国家は法的に統一された秩序であるといえる。

この統一した法秩序の体系の基本的な部分が憲法である。法秩序の末端で具体的な国家権力の働きが行われるが、それらを可能にし、さらにその行われる軌道の基礎的なものを定めている法形式を、憲法と呼ぶことができる。

近代憲法　このように憲法は、国家の秩序の基本を定めるものであるから、およそ国家である以上はすべて憲法をもっている。絶対専制君主政体では、君主の意思がそのまま法となる体制をとっているが、そこでもそのような単純な基本構造が憲法となっている。しかし、この君主の権力に制約をおき、多かれ少なかれ自由主義を原理とする基本法が、近代革命の結果として要求されることになり、ここに近代的意味の憲法が生まれることになった。このような憲法を要求する考え方を**立憲主義**(constitutionalism) と呼ぶ。

立憲主義のもとでの憲法は、その内容と形式において、いくつ

かの特徴をもっている。内容的にみて、その基本的な特徴と考えられるのは、つぎの諸点である。第1に、国民が国家の政治に参加することである。国政が複雑になると、すべてにわたって国民が直接に決定に参与することができないから、間接民主政治が行われることになり、一定の構造と権能を与えられた議会制度が採用されることが多い。第2に、**権力分立**の制度である。もとより分立の程度や具体的形態はさまざまであるが、国家作用を立法・行政・司法の3つの権力に分け、それぞれ別個の機関にゆだねることは、近代憲法の特色を示すものである。第3に、以上のような権力の構造に関するのではなく、むしろ権力の発動を制限する原理があり、**基本権の保障**がそれである。近代憲法が権力を根拠づける反面、人権によって権力を限界づけていることは、その重要な特質である。1789年のフランスの人権宣言が「すべて権利の保障が確保されず、権力分立が定められていない社会は、憲法をもつものではない」（16条）と明言しているのは、上の第2、第3の原則が近代的意味の憲法の条件であることを示している。

　近代憲法の形式上の特質の第1は、**成文憲法主義**である。絶対主義の専制を打倒した人びとは、そこで獲得した成果である基本法が将来の権力機構によって順守され、尊重されることを求め、それを確保する方法として、それを成文の形として明確にすることとなった。もしも不文のままにしておくと、権力の行使が慣行を生み、基本法の根拠なしに、あるいはその許容する範囲をこえて、権力が発動される可能性を生みやすいからである。新しい市民層の力が不文憲法を生みだしたイギリスを除いて、近代国家が成文憲法を採用しているのは当然といえる。(注)19世紀以降は、憲

法というときは成文の憲法典（これを形式的意味での憲法という）を意味することが多い。第2の形式的特質は，**硬性憲法主義**である。すなわち，憲法の改正には通常の法律の制定や改正よりも厳格な手続を必要とするものである（これに反して，法律と同じ手続で改正できるやり方を**軟性憲法主義**という）。硬性憲法主義もまた，権力の行使を規制する根本規範である憲法の改正を困難にし，権力が自由に国家意思を決定することのできる範囲を制限するためのものである。

（注）　成文憲法はその制定の方法によって，つぎのように分類できる。君主がその意思で制定する欽定憲法，国民が直接または代表者（憲法議会）を通じて制定する民定憲法，君主と国民（の代表者）との合意によって制定される協約憲法，多数の国家の合意によって制定される条約憲法がそれである。

わが国も，国家の成立以来，実質的意味の憲法をもっていたことは疑いないが，立憲主義にもとづく近代的意味の憲法が成立したのは，**明治憲法**（大日本帝国憲法）以後である。明治憲法は，明治維新以来の自由民権運動の民撰議院開設要求にみられる民主的考え方をうけいれ，立憲主義の原理をとりいれている。民選の衆議院があり，また天皇の国務上の行為はすべて国務大臣の輔弼によるものとされ，司法権の独立が認められ，臣民の権利義務を定める権利宣言を含んでいたのは，このような立憲主義の原理の具体化といってよい。しかし，他方で天皇に主権があり，統治権は天皇に集中されていたこと，天皇大権の範囲が広く，それだけ議会の権能は制限されていたこと，帝国議会の構成が民主的考え方にてらして不十分であったこと（たとえば，貴族院の存在），人権が議会の協賛を得た法律による制約に対して保障されていなかったことなどからみて，反民主的要素を多分に含んでいた。それ

は19世紀のドイツ諸国の憲法を特色づけていた君主の力の強い立憲君主制に近いものであった。

明治憲法は，このように民主的要素と反民主的要素の妥協という二元的性格をもっていた。そのもとでの国政は，いわゆる憲政擁護運動にみられるように，民主的側面を強める形で行われることもあったが，満州事変の勃発（昭和6〔1931〕年）を機として全体主義・軍国主義が台頭するとともに，明治憲法の近代的要素はしだいに失われ，憲法起草者の予定したような立憲君主制のたてまえすら否定されるようになった。この状態を終結せしめたのが，太平洋戦争における日本の降伏であった。

降伏によって明治憲法は形式的には廃棄されなかったが，基本的な構造において重大な変更をうけ，憲法の全面的改正は不可避のものとなった。そして昭和21（1946）年11月3日に日本国憲法が公布され，翌年5月3日から施行されるにいたった。この憲法は，明治憲法の改正手続をもって定められたが，実質的にはまったく新しい憲法の制定であった。それは，内容において徹底した形で立憲主義を実現しようとしたものであり，近代憲法の特質を豊富にそなえた憲法である。

2　日本国憲法の基本原理

国民主権　民主主義は，政治的な面からいえば，国民が国民自身の福祉のためにみずから統治する立場をとるから，主権すなわち国の政治的なあり方を最終的に決定する力は，国民に存することが要請される。日本国憲法はこのような**国民主権主義**を最も重要な基本原理として採用した。この点は，明治憲法が

天皇主権制をとっていたのと大きな差異がある。日本国憲法は，その前文において「そもそも国政は，国民の厳粛な信託によるものであつて，その権威は国民に由来し，その権力は国民の代表者がこれを行使し，その福利は国民がこれを享受する」と宣言しているが，それは国民主権主義の基礎となる民主制の原理を表明したものである。この「人類普遍の原理」をとりいれることによって，わが国の政治が真に近代化されたものとなることを保障しようとしている。

もとより，憲法の制定には，普遍的原理のほかに，国家固有の歴史と伝統あるいは国民感情を尊重することも考慮される。日本国憲法が天皇制を存置したことは，国民主権を徹底させる立場からは，それを弱めたともみられるが，このような考慮にもとづくものと考えられる。ただ日本国憲法のもとでの天皇制は，国民主権と両立しうる範囲において認められているものであり，明治憲法のもとでのそれとは本質的な相違がある。天皇の地位は主権者である国民の総意にもとづくものであり（憲法1条），天皇は統治権の総攬者でなく，統治の諸権能は，それぞれ国会・内閣・裁判所に与えられ，天皇は国政に関する権能をもたず（同4条），ただ主として儀礼的な意味をもつ国事行為のみを行うのである（同6条・7条）。憲法が，天皇を国の象徴であるとしているのは，このような地位をあらわすのである。

国民主権の原理は法的にいろいろな点にあらわれてくる。第1に，国民が憲法制定権者であることである。憲法は国家の基本秩序を定めるものであり，**憲法制定権力**をもつことは主権者の本質であるといえる。日本国憲法は，その制定の事情から，明治憲法

の改正の形式をとって成立し，天皇が発議し，帝国議会の議決ののち天皇が裁可するという手続をとっているが，憲法前文も日本国民がこの憲法を確定するとしているように，実質的には民定憲法と考えるべきであろう。憲法の改正も部分的な憲法の制定とみるべきであるから，手続的に制定と同じである必要はないが，改正権は主権者に留保されねばならない。憲法96条が**憲法改正**の成立に国民投票における過半数の賛成を要件にしているのは，そのあらわれといえる。

　第2に，憲法制定権者が国民であるという根本規範にもとづいて，実定憲法上主権者が国民であることが明示される。憲法前文および1条がこのことを明らかにしている。この規定は，憲法典のうちでも，最も重要な部分であり，むしろ実定憲法の基礎にある根本規範が明文化されたものと考えられるから，たとえ憲法改正の手続をとっても，それを改めることはできないと解される。それを改正することは憲法の基礎を破壊することになるからである。

　第3に，憲法上の制度として国民主権が具体化される。どの程度にどのような形で実現されるかは，各国の憲法によって差異がみられるが，国民主権の原理は憲法が近代的であればあるだけ具体的に実現されることになる。日本国憲法も随所にそのような規定をおいている。^(注)

　（注）　広い意味では，国民が国家権力によって侵されない人権を保障されることも国民主権のあらわれといえるが，これはのちに別に考えよう。

　まず国民が直接に国政に参与する制度がある。これは国民が国家権力の究極の根源であることを基礎にして，国民にいわば国家

機関としての地位を与えるものである。憲法15条によれば，国民は公務員を選定し罷免する固有の権利をもつ。これはすべての場合に，公務員の任免を国民が直接に行うことを要求するものではないが，その任免が直接または間接に主権者である国民の意思にもとづかねばならないたてまえを示すもので，国民主権の原理の明白な表現である。国民が直接に行うものとしては，国会議員の選挙（憲法43条），地方公共団体の長や議会議員の選挙（同93条），最高裁判所裁判官の国民審査（同79条2項）があり，その他法律の認めるものとして，地方公共団体の議会解散の請求，議会議員や長の解職の請求（地方自治法76条以下）がある。また国民は他の国家作用にも直接に参与することがある。前述した憲法改正の承認のほか，憲法は地方特別法の制定への住民の参加を認め（憲法95条），法律も地方公共団体の条例制定や監査の直接請求を認めている（地方自治法74条以下）。

　しかし，多数の国民が直接に国政全般に参与することは不可能である。したがって，国民は選挙を通じて国会議員を選び，その代表者によって政治に参与するのが原則である。日本国憲法も，この**代表民主制**を国政の方式として採用している。これは間接的な国民の政治参与であるが，国民主権にもとるものではない。前文にも「日本国民は，正当に選挙された国会における代表者を通じて行動し」と述べている。この場合，国民の代表者の構成する議会が，国政において重要な権能をもつことは，国民主権の原則から要求されることになる。まず憲法は「国会は，国権の最高機関」であるとしている（憲法41条）。それは，国会が明治憲法における天皇のような，統治権の総攬者であることを意味するので

はないが，国会が国民を直接に代表する国家機関として，国民に代わって主権者の権能を行う職責をもつこと，したがって，国政全般について他の国家機関よりも強い発言権をもつべきことを示したものと考えられる。具体的には，法律の制定という立法機関ほんらいの任務のほかに，憲法改正の発議（同96条），条約の承認（同73条3号），予算の議決（同60条），内閣総理大臣の指名（同67条1項），国政調査（同62条），裁判官の弾劾（同64条），衆議院に限られるが内閣に対する不信任決議（同69条）などの重要な権限が国会に帰属するものとされているのは，国民主権の制度化であるといってよい。

平和主義　日本国憲法は，過去の日本のあり方への反省の結果，「再び戦争の惨禍が起ることのないやうにすることを決意し」，「恒久の平和を念願し」国際的協調のもとに安全を確保し，平和な国際社会のうちに名誉ある地位を占めることを目的としてかかげた（前文）。そして，9条において徹底的な平和主義を基本原則のひとつとしてかかげたのである。不戦条約（1928年）や，いくつかの憲法で侵略戦争を放棄した例はあるが，わが国の憲法のように完全な形で永久平和を基本原理としたものはなく，この点は世界に類例のない宣言である。この規定の趣旨は，「正義と秩序を基調とする国際平和を誠実に希求」するところにおかれており，より具体的にはつぎの内容を含んでいる。

　第1に，それは国家間の武力の行使で，国際法上戦争と認められるもののみならず，実質上戦争とみられる武力の行使，さらに武力を背景とする脅威を加えることをも放棄している。これらは国際紛争を解決する手段として放棄されているから，侵略戦争と

§2 国家と法 103

これに準ずるものが禁止されていると解される。さらに，この**戦争放棄**の目的を達成するため，第2に，軍備その他これに準ずる戦力を保持しないこととされる。自衛戦争のための戦力の保持が許されるかどうかについて，過去の戦争がほとんど自衛の名のもとに行われ，自衛戦争と侵略戦争の区別が必ずしも明確でないというところからみて，自衛のための戦力も禁止するのが憲法の趣旨であるとの考え方は，憲法の理想にそうものといえる。しかし，国家のもつ自衛権は放棄されるものでないから，自衛のための必要最小限度の戦力の保持は許されると解することができよう。第3に，事実上戦争をしないのみではなく，国際法上認められる戦争をする権利をも放棄している。

(注) 最高裁判所は砂川事件（昭和34年12月16日大法廷判決）で，日本が主体となって指揮監督できない外国の軍隊は，日本に駐留していても憲法の禁止する「戦力」ではないと判示している。

このように，憲法上わが国は広く戦争を放棄し，絶対的ともいえる平和主義を採用した。しかし，世界の現実はなお国家が軍備を撤廃するところまで進んでおらず，国際連合もまだ世界平和を保障するだけの機能を果たしていない。前文と9条にもられた理想と国際政治の現実との矛盾のうちに，わが国の安全保障をどのように確保するか，さらに，わが国の国際的地位の向上とともに，世界の平和の維持のためにどのような積極的な貢献をすべきであるかは，きわめて重要な政治的問題である。

(注) 戦後の講和条約締結以降，日本の安全は日米安全保障条約を基盤として保障されてきた。冷戦終結後も世界には地域的民族的紛争が続発している。そのため，日米2国間の安保条約のもとでの防衛協力について具体的指針が定められ（1999年のいわゆるガイドライン関連法），また武力行使が予想される国連の平

和維持活動への日本の協力貢献が認められ(いわゆるPKO協力法)、また、我が国と密接な関係にある国への武力攻撃に対し、一定の要件のもとで外国軍隊に協力支援活動を行うことができるとされ(いわゆる国際協力支援法)、あらためて憲法との関連が論じられている。

なお憲法98条2項は、条約および確立された国際法規を誠実に順守することが必要であると定めている。これもまた他国と協調して、国際社会の平和な秩序を重んずる趣旨のあらわれである。^(注)

(注) この規定をめぐって、条約や国際法規が憲法に優先するかどうかが問題となる。これについては54頁参照。

基本的人権の保障　基本的人権、すなわち人間として、あるいは国民として当然に享有すべき権利と自由を保障することは、近代憲法の眼目である。近代の個人主義は個人の尊厳をその核心においているのであり、人間社会のすべての価値の根底に個人をおき、憲法もまた、人間個人が生まれながらにしてもつ自然権を法的な権利としてとりいれ、国家権力をもっても侵しえないものとして保障している。とくに国権の最高機関である国会の制定した法律によっても、それを奪うことのできないとする点が重要である。明治憲法のように、臣民の権利は天皇が憲法を通じて与えたものとし、法律による制約に対して保障を欠く制度は、なお近代憲法のもとでの人権の保障として不十分といわねばならない。

日本国憲法は、国民がすべて個人として尊重される(憲法13条)として、**個人主義**のたてまえを明らかにし、さらに人権が人間として当然にもつべきものであるという考え方をとっている(同11条・97条参照)。そしてそれは、立法を含めてすべての国家作用から保障されており、ことに裁判所の違憲審査権によって、

実質的にも保護をうけているのである。その意味で日本国憲法のもとでの人権は，真に「基本的」人権の名に値するといえる。

　もとより，人権もまた社会のうちに存在する以上，絶対無制約というのではない。自由も放恣ではない。憲法もまた，一方で人権を不断の努力によって守ることを求めながら，他方でそれを濫用せず公共の福祉のために利用する責任を負わせている（同12条）。これは人権が強い保障をうければうけるだけ，その利用について倫理的責任が課せられることを示したものである。この規定や，人権が「公共の福祉に反しない限り」国政のうえで最大の尊重をうけるとする規定（同13条）を根拠として，国家は**公共の福祉**を理由として人権を制限することが可能であるという見方もある。もし，その立場が，法律によれば全体の利益のために一般的に人権を制限することができるとするのであれば，憲法の基礎をなす個人主義を破壊し，法律をもっても侵しえない人権という本質を失わせるものであって，適当ではない。しかし，社会においてすべての人の権利・自由を保護し，その幸福な生活を実現するのが国家の任務であるから，その目的をもって人権に制約が加えられるときには，人権の性質や機能，制約の程度などを考え，人権の価値と，法の規制の目的に含まれる利益とを較量して，憲法上許されるものかどうかを判断することになるであろう。

　日本国憲法のもとで，以上のように人権には質的にもきわめて強い保護が与えられているが，保障される人権の範囲も広げられている。第1に，**平等**は個人の尊重に必然的にともなう要請であり，平等権の保障は徹底している（同14条・24条・26条・44条参照）。第2に，人間の**精神活動の自由**は，個人が人格を形成する

基盤であり，また社会が民主的に構成される条件であって，広く保護をうける（同19条〜21条・23条参照）。第3に，**人身の自由**も，近代憲法の重視するところであり，過去のわが国でその侵害がめだったことと相まって，詳細な規定がおかれている（同18条・31条・33条〜39条参照）。第4に，**経済活動の自由**は資本主義体制のもとで，生活の物的基礎を確保するために必要なものとして保障される（同22条・29条参照）。ただ現在の社会的必要は，この面では国家の規制を広く認める傾向にある。以上の諸権利は，近代憲法の権利宣言に共通してみられるものであるが，20世紀の憲法は，社会的見地から実質的な平等を実現しようとした。欠乏からの自由，恐怖からの自由などといわれるのがそれである。日本国憲法も，第5の種類として，積極的な**生存への権利**を保障している（同25条・27条・28条参照）。それらはいわゆる福祉国家の理念につかえるものである。第6に，憲法の条文に明記されていないが，プライバシーの権利，環境権などのように，社会の発展とともに憲法の保護をうける新しい人権が，主として幸福追求権（同13条）のごとき包括的な人権を根拠として主張されている。なお憲法は必ずしもすべてが基本的人権とはいえないにしても，基本的人権を確保する手段となるための権利をも認めている（同16条・17条・32条・40条参照）。

権力分立 　国家権力が1人あるいは1機関に集中することは，独裁制を招くおそれが大きい。近代憲法は，ロック（Locke, J., 1632〜1704）やモンテスキュー（Montesquieu, C. L. de S., 1689〜1755）などの主張を理論的基礎とし，権力を別個の機関に分散させ，相互に抑制させて均衡を得させる原理を採用し

ている。もとより，かなり徹底した形でそれをとりいれているアメリカや，議院内閣制のように緩和された形をとるイギリスなどの国があり，かなり差異があるが，基本的な考え方として，**権力分立**が立憲主義と結びついていることは前述のとおりである。

日本国憲法も**権力分立**をひとつの基本原理としている。すなわち国家作用を，それぞれ憲法の定める別の国家機関に分属せしめている。第1に，**立法権**は国会に属する。衆議院と参議院の2院から成る国会は，国の唯一の立法機関である（憲法41条）。これは，まず立法の過程がはじめからおわりまで立法機関である国会により独占され，他のどのような機関の介入も不必要であること（同59条）を意味し，ついで国会以外に，独立に立法権を行使できる機関は存在しないことを意味する。国会の制定する法が技術的意味での「法律」であるが，行政権は，法律を執行するために，またはその委任によってのみ命令を制定しうるにとどまるのである。なお，両院のうち，衆議院がより直接に国民を代表するものとして，参議院よりも優越した地位を認められていること（同59条～61条・67条）も注目されよう。

第2に，**行政権**は内閣に属する（同65条）。行政権が天皇に属し，内閣がそれを輔弼した明治憲法と異なり，内閣総理大臣とその他の国務大臣とから成る合議体の内閣が，直接に行政権の主体とされている。憲法は，法律の執行，外交，官吏の任免，予算の作成などを内閣の重要な事務として列挙しているが（同73条），内閣は行政事務一般を行うものである。そして，その行使について国会に対し連帯して責任を負う（同66条3項）。

現代の国家の行政はきわめて複雑多岐にわたっているが，およ

そ近代的行政であるためには，行政を行政権の自由にゆだねるのではなく，法律のもとに規制する必要がある。とくに18〜19世紀の自由主義的政治原理は，**法律による行政**を要求した。これを法治主義と呼ぶ。このようにして，現在は行政権の行使について複雑ではあるが，整備された法体系が存在する。これが**行政法**であり，憲法とならんで公法の重要な部分を構成している。それは，統一的な法典をもつものではないが，(注)法の重要なひとつの分野をなしており，現代の行政活動に関する多種多様な法のほか，行政の組織や手続を定める法，行政活動によって生じた損失の塡補についての法，行政上の争いを解決するための手続に関する法を含んでいる。明治憲法のもとでは，中央集権的官僚支配の手段としての性格が濃かったわが国の行政法は，日本国憲法のもとでは，民主制原理のもとで再構成され，法治主義を強化し，とくに行政事件も司法裁判所が裁判することとして（88頁参照），行政に対する司法的な統制をおし進めていることが注目される。

（注）公正な行政を実現するために行政改革の一環として制定された行政手続法，情報公開法のように行政の各分野に共通して適用される法律がある。

　第3に，**司法権**は，最高裁判所および法律の定めにより設置される下級裁判所に属する（同76条1項）。司法権の独立は近代国家の基本原則であり，明治憲法でも認められるところであったが，日本国憲法のもとでは，裁判官の任命に裁判所が関与すること（同80条1項）など，いっそうそれを強化した（39〜40頁参照）。また，司法権はいっさいの法律上の争訟に及び，特別裁判所の設置は認められない（同76条2項）など，司法権はいちじるしく強化されている。

以上のように，わが国の政治組織は基本的に権力分立主義を採用しているが，3つの機関がその構成や権限の点でまったく分離しているのでなく，相互に重複しながら牽制しあっている。第1に，国会と内閣は，議院内閣制をとるところから，かなり密接に結びついている。たとえば，内閣総理大臣は国会が指名すること（同67条），国務大臣の過半数が国会議員から選ばれること（同68条1項），衆議院は内閣の不信任決議をすることができ，その反面，内閣は衆議院を解散することができること（同69条），国務大臣は議院に出席発言権をもち，議員にはこれに対する質問権があること（同63条）などがそのあらわれである。第2に，国会と裁判所との間では，裁判所が，法律が違憲かどうかを審査するという違憲審査権をもつ（同81条）点が重要である。この権限は，裁判所本来の職務である裁判にともなって，適用される法規が合憲かどうかを判断するもので，抽象的に法律の効力を判定しうるものではないが，憲法の最高法規性を司法機能を通じて保障しようとするものである。また裁判所は規則制定権をもち，その点で立法権を行うことができる（同77条）。国会の側では裁判官の弾劾（同64条）をもって，司法権を抑制できる。第3に，内閣と裁判所の間では，裁判所が裁判を通じて，行政庁の命令や処分の違憲性や違法性を判断できる。その反面，内閣は裁判官の任命権（同79条1項・80条1項）によって，ある程度の抑制を裁判所に加えることができる。

【参考文献】
伊藤正己『憲法入門』（4版補訂版）有斐閣，2006.

伊藤・尾吹・樋口・戸松『注釈憲法』(3版) 有斐閣, 1995.
樋口陽一『憲法』(第3版) 創文社, 2007.
芦部信喜 (高橋和之補訂)『憲法』(6版) 岩波書店, 2015.
佐藤功『日本国憲法概説』(5版) 学陽書房, 1996.
伊藤正己『憲法』(3版) 弘文堂, 1995.
佐藤幸治『日本国憲法論』成文堂, 2011.
野中・中村・高橋・高見『憲法Ⅰ, Ⅱ』(5版) 有斐閣, 2012.
高橋和之編『世界憲法集』(新版 第2版) 岩波書店, 2012.
今村成和 (畠山武道補訂)『行政法入門』(8版補訂版) 有斐閣, 2007.
塩野宏『行政法Ⅰ』(6版) 有斐閣, 2015.『行政法Ⅱ』(5版補訂版) 2013.『行政法Ⅲ』(4版) 2012.
田中二郎『新版行政法 (上・中・下巻)』(2版) 弘文堂, 1974〜83.

§3 犯罪と法

1 犯罪と刑法

刑法とは何か 　第1章3でみたように，法とは，強制・制裁と結びついた規範であるが，規範違反に対する制裁を**刑罰**とする法が刑法であり，刑罰の対象が**犯罪**である。すなわち，刑法とは，刑罰という制裁を予告することにより，人間の行動を心理的にコントロールして，犯罪から遠ざけようとするシステムにほかならない。狭義での刑法は，明治40 (1907) 年制定の刑法典を意味する。同法は，漢文調の難解な文体であったが，国民に解りやすい法律とするため，平成7 (1995) 年の改正により現代用語による平易化が実現された。広義での刑法は，刑法典を拡張・補充するものとしての特別刑法，および，行政取締りを目的とする行政刑法を含むものである。

刑罰の内容 　犯罪に対する制裁である刑罰として，現行法は，死刑・懲役・禁錮・罰金・拘留・科料の6種類のほか，付加刑としての没収を認めている (刑法9条)。まず，死刑は絞首の方法で執行される (同11条)。死刑制度に対しては，今日，その威嚇力に疑問があること，誤判の場合に救済不可能であること等の理由による廃止論が有力に主張されており，裁判実務においても，死刑の適用についてはきわめて慎重な態度がとられている。懲役・禁錮・拘留は，いずれも自由剥奪を内容とする自由刑であるが，拘留は主として軽犯罪に対するものである。懲役

と禁錮の差異は、前者が所定の作業すなわち刑務作業を課せられる点に存するが（同12条2項）、この作業は、受刑者に苦痛を与えるためのものではなく、これを改善・更生させるための処遇の一方法として運用されている。罰金・科料は、いずれも財産の剥奪を内容とする財産刑であるが、後者は、主として軽犯罪に対するものである。罰金を支払えない場合については、換刑処分として労役場留置の制度（同18条）が設けられている。

なお、第2次大戦後の経済事情の変動にともない罰金等臨時措置法が制定され、刑法典の規定する罰金・科料の額は、2回にわたり引き上げられたが、平成3（1991）年には刑法典そのものの一部改正により、さらに現行のように引き上げられた。

犯罪に対する制裁としての刑罰は、以上のように、人の生命・自由・財産の剥奪という峻厳なものであるが、それだけでなく、場合によっては、公民権停止その他種々の資格の喪失・制限という付随効果をともなうし、さらには、犯罪者というスティグマ（烙印）による事実上の不利益をもたらすことも多い。その意味で、刑罰は、法的制裁のなかで最も強力なものといえよう。

2 刑法の機能

法益の保護 では、刑法は何のために刑罰というきびしい制裁を科すのであろうか。それは、社会生活における一定の価値や利益を保護するためである。たとえば、刑法199条（殺人罪）は、「人を殺した者」に「死刑又は無期若しくは五年以上の懲役」という刑罰を予定しているが、その究極の目的は人間の生命という利益を保護する点にある。このように、刑法によっ

て保護された利益を**法益**（Rechtsgut）と呼ぶが，刑法の第1の機能は，法益保護に存するのである。

法益は，その帰属する主体に応じて，個人法益・社会法益・国家法益に区別され，犯罪もこれに対応して，個人法益に対する罪（たとえば，殺人・傷害・強姦・窃盗・詐欺），社会法益に対する罪（たとえば，文書偽造・わいせつ物頒布），国家法益に対する罪（たとえば，内乱・公務執行妨害・収賄）に区別される。刑法典各則およびその他の刑罰法規は，多くの条文を設けて，多種多様の法益を保護しようとしているのである。

そして，社会の変化や技術の進歩は，これに対応する新しい刑罰法規を生ぜしめる。いわゆるコンピュータ犯罪に対応するために行われた平成23（2011）年の刑法の一部改正（刑法168条の2・168条の3・234条の2等参照）やカード犯罪に対応するために行われた平成13（2001）年の刑法の一部改正（刑法163条の2から163条の5参照）は，その代表的な例である。

自由の保障──罪刑法定主義　　犯罪とは，法益を侵害する行為，すなわち，社会的に有害な行為である。しかし，社会的に有害な行為であるからといって，国家がかってにこれを処罰しうるとすれば，国民の行動の自由・予測可能性は失われてしまう。国民の自由を確保するためには，何が犯罪であり，どの程度の刑罰が科せられるのかがあらかじめ国民に告知されていることが必要となる。この考え方を**罪刑法定主義**と呼ぶが，その内容は，「法律なければ犯罪なし」(nulla poena sine lege) というフォイエルバッハ（Feuerbach, A. v., 1775〜1833）の言葉によって簡潔に表現されている。罪刑法定主義は，アンシャ

ン・レジームの専断的な処罰に対し，18世紀啓蒙思想によって人権保障の目的で主張されたものであるが，その後，アメリカ独立宣言やフランス人権宣言にもとりいれられ，現在では，近代憲法・近代刑法における不動の大原則となっている。

罪刑法定主義をささえる原理は，いうまでもなく自由主義であるが，そこから，まず**事後法の禁止**（憲法31条・39条）および**類推解釈の禁止**が導かれる。しかし，事前に刑罰法規が存在しさえすればよいというわけではない。国民に確固たる行動の指針を与えるためには，刑罰法規は可能な限り具体的かつ明確でなければならない。したがって，刑法では，民法709条（不法行為）のような包括的な規定をおくことは許されない。最高裁判所の判例も**明確性の原則**に反する刑罰法規は憲法31条に反し無効となる旨を認めている。

「法律なければ犯罪なし」の法理をささえる，もうひとつの原理は民主主義である。すなわち，そこでいう「法律」とは狭義のそれであり，刑罰法規は，国民の代表者によって構成される国会の制定した法律でなければならない（**法律主義**）。この結果，命令や条例による処罰は，**法律の委任**がある場合を除くほかは許されないのである（憲法73条6号。その例として地方自治法14条）。

3 犯罪の成立要件

構成要件該当性 罪刑法定主義の帰結として，犯罪が成立するためには，まず第1に，具体的な行為が犯罪として禁止された観念的な行為類型（たとえば，刑法235条「他人の財物を窃取した者」）にあてはまることが必要である。この行為

類型を**構成要件**と呼ぶ。すなわち、犯罪成立の第1の要件は、行為の構成要件該当性である。

構成要件は、刑法典各則およびその他の刑罰法規において具体的に示されているが、その主たる要素は、行為（たとえば、殺害行為）と結果（人の死亡）である。構成要件が完全に充足された場合を**既遂**という。これに対して、構成要件の予定する行為が遂行され、あるいは着手された（**実行の着手**という）が、所定の結果が発生しなかった場合を**未遂**という（刑法43条）。未遂犯の刑は、裁判官の裁量によって軽減されうるにとどまるから、既遂と同じ刑で処罰することも可能であるが、未遂を罰するのは、法律の定める比較的重い罪に限られている（同44条）。実行の着手にもいたらない準備的段階を**予備**というが、予備が処罰されるのは、殺人、強盗、放火、身の代金目的の誘拐などのごく重い犯罪に限られる。他方、構成要件は、原則として、単独の行為者による犯罪遂行（**単独正犯**）を予定しているが、現実の犯罪は複数の関与者によって遂行されることも多く、刑法は、このような**共犯現象**をとらえるために、その関与形態に応じて、共同正犯・教唆犯・幇助犯の処罰規定を設けている（同60条～65条）。

違法性 犯罪が成立するためには、つぎに、行為が違法すなわち社会的に有害であることを必要とする。ところで、構成要件は、ほんらい、社会的に有害な行為を類型化したものであるから、構成要件に該当する行為は原則として違法である。しかし、医者による手術行為のように、形式的には傷害罪（刑法204条）の構成要件に該当しても、患者の生命維持その他の治療行為として、実質的には、社会的に有用な行為もある。このよう

な場合，その行為は，例外的に違法性を失い，正当化されることになる。刑法は，このような**違法性阻却事由**として，正当行為・正当防衛・緊急避難（同35条～37条）を認めている。

有責性　行為が構成要件に該当し，かつ違法であっても，それだけではまだ刑罰を科しうるわけではない。すでに述べたように，刑法とは，ある行為を禁止し，これに反すれば刑罰を科するという予告によって，人間の行動を心理的にコントロールしようとするものである。したがって，そこでは，行為者が犯罪行為を行うにあたり，他の適法行為を選択することも可能であったのに，あえて違法行為を行ったことが必要となる。すなわち，刑罰とは，行為者の意思決定の自由を前提としつつ，あえて犯罪へと意思決定したことへの法的非難を内容とするのである。このように，犯罪へと意思決定したことに対する**法的非難可能性**を処罰の条件とする立場を**責任主義**（Schuldprinzip）といい，現在では，罪刑法定主義とならんで，近代刑法の大原則となっている。

　責任主義の根底にある刑罰思想は，刑罰とは自由な意思にもとづく悪業に対する報いであるという**応報刑思想**と，人間は理性的存在であるから，犯罪から得られる利益を上回る苦痛すなわち刑罰を予告しておけば，犯罪を思いとどまるであろうという**功利主義的人間観**である。このような**古典学派**の理論は，しかし，何度処罰しても犯罪をくりかえす常習犯人の激増とともに痛烈な批判をうけることになった。その契機となったのが，イタリアの精神医学者，ロンブローゾ（Lombroso, C., 1836～1909）の**生来性犯罪人**（delinquente nato）の理論である。彼は，刑務所に収容され

た受刑者，とくにその頭蓋骨の形態の観察を通して，犯罪者とくに累犯者のかなりの部分に共通した特徴のあることを発見し，犯罪者の大部分は生まれながら犯罪者となる素質を有するものであると主張したのである。ロンブローゾの見解は，その後の犯罪観念に多大の影響を与え，犯罪原因として，環境その他の社会学的要因を加える等の修正を経て，ここに**近代学派**の刑罰論が形成されたのである。

　近代学派の見解によれば，犯罪とは，人間の自由意思の産物ではなく，犯罪者の素質と環境とによって決定された必然的現象である。そうだとすれば，刑罰はもはや非難・応報としての意味をもちえず，社会防衛のための処分ということになる。すなわち，刑罰の目的は，ちょうど病人を治療するのと同様に，犯罪者を改善・教育し，その危険性を除去することにある。したがって，刑罰は，客観的な行為ではなく，行為者の危険性に比例し，**改善不能犯人**は，これを一生社会から隔離するしかないし，反対に，**偶発犯人**は，刑の執行猶予等によって刑罰の対象からはずすべきだとしたのである。

　このような近代学派の主張は，執行猶予制度の導入，行刑の近代化・科学化等の点で大きな貢献をなした。しかし，その決定論的犯罪観は，科学的基礎において，なお十分に論証されてはいないのが現状である。そして，何よりも，刑罰を苦痛ではなく，善としてみる結果，国家刑罰権の行使について客観的行為による枠づけを不要とする点で，刑法のもつ自由保障機能を大きく後退させるものであった。このため，近代学派の主張は，ついに支配的となることなく，現在でも，基本的には古典学派の見解が維持さ

れている。

　さて，すでに述べた責任主義の見地からは，行為者の犯罪的意思決定の非難可能性を根拠づける要素として，責任能力と故意・過失とをあげることができる。

　責任能力とは，自己の行為が法律上許されるものであるか否かを判断し（**是非弁別能力**），その判断に従って行動する能力（**行為制御能力**）をいう。責任能力のない者に対しては，刑罰による制裁を背景とした規範もその効力を発揮しえないから，この者の行為は，有責性を欠き不可罰となる。責任無能力者として，刑法は，心神喪失者・刑事未成年の2つを認めている（刑法39条・41条，同40条の瘖啞者に関する責任無能力の規定は，平成7〔1995〕年の改正で削除された）。心神喪失者とは，主として，精神障害者を指すが，その犯罪行為は，刑罰の対象とはならず，自傷他害のおそれがある場合に限り，行政処分としての**措置入院**（精神保健及び精神障害者福祉に関する法律29条）の対象となるにとどまっていた。このため，精神障害者の犯罪に対し，裁判所が，**保安処分**としての精神病院への収容を命じうるようにすべきだとする**改正刑法草案**（昭和49〔1974〕年）が提示されたが，不当な人権侵害の危険があるとする反対意見も有力に主張され，いまだに現実のものとはなっていない。しかし，平成15（2003）年には，心神喪失等の状態で重大な他害行為を行った者の医療及び観察等に関する法律が制定され，裁判所が精神障害者に入院を命令する制度が導入された。つぎに，刑事未成年すなわち14歳未満の者の行為も，刑罰の対象からはずされる。これら年少者に対しては，刑罰よりも教育的処遇を施すことが，より適当だと考えられるからである。

少年法は，このような考慮をさらに拡張し，14歳以上20歳未満の者の犯罪行為についても，これを家庭裁判所の管轄とし，原則として，刑罰を避け，保護観察・少年院収容等の**保護処分**のみをなしうるとしている。なお，前述の刑事未成年者による犯罪行為も，この保護処分の対象に含まれる。

故意とは，罪を犯す意思をいう。積極的に犯罪事実を生ぜしめることを意図した場合ばかりでなく，犯罪事実発生の可能性を十分認識しながら，あえてその危険をおかす場合も含まれる。この場合を**未必の故意**という。**過失**とは，不注意によって犯罪事実を生ぜしめることであり，通常の注意をしていれば，そのような事態を回避しえた場合をいう。刑法は，故意犯の処罰を原則とし，過失犯の処罰は例外的なものとしている（刑法38条1項）。しかし，現実には，交通事故の増加により，自動車運転過失致死傷（自動車運転死傷行為処罰法5条）は，犯罪発生件数の大きな部分を占めている。

なお，故意・過失があっても，種々の事情から，行為者に適法行為を期待することができない場合には，もはやこの行為者を非難することはできないから，これを不可罰とすべきだとする理論が，学説では支配的となっている。これが**期待可能性の理論**で，下級裁判所の判例には，この理論により無罪を言い渡したものもあるが，最高裁判所判例の認めるところとはなっていない。

刑の適用　犯罪が成立する場合，裁判官は，有罪判決とともに具体的な刑を宣告する（**宣告刑**）。その刑は，それぞれの犯罪について法律上予定されている刑の種類・期間（**法定刑**）の範囲内で，裁判官の裁量により決定される。これを量刑と

いう。比較法的にみると，日本の刑法の法定刑の幅はきわめて広く，それだけ裁判官の裁量権も大きなものとなっている。たとえば，殺人罪の法定刑は，死刑，無期懲役もしくは5年以上20年以下の有期懲役であり（刑法199条・12条1項），裁判官は，このなかから，犯罪の情状や犯人の諸事情を考慮して，適切な刑を選択するのである。

宣告刑が，3年以下の懲役もしくは禁錮，または50万円以下の罰金の場合，原則として前科のない者に対しては，1年以上5年以下の期間その刑の執行を猶予することができる（同25条）。これが**執行猶予制度**であり，平成25（2013）年の統計によれば，第一審で有期の懲役または禁錮刑に処せられた者の約58％が執行猶予を言い渡される。

執行猶予を言い渡された者は，保護観察に付されることもあるが（同25条の2），いずれにせよ，執行猶予期間を無事経過すると，刑の言渡しはその効力を失い，有罪判決をうけなかったことになり，前科も消滅する（同27条）。これに対して，猶予期間中，さらに犯罪を行う等の理由により猶予を取り消されると，宣告された刑に服さなければならない（同26条〜26条の3）。また，刑の一部の執行を猶予する制度も新設された（同27条の2〜27条の7）。

刑の言渡しがあったときは，執行猶予の場合を除き，裁判が確定したのち，刑が執行される。ところで，懲役・禁錮刑については，**仮釈放**（仮出獄）の制度がある。これは，改悛の状が顕著な受刑者を刑期満了前に仮に釈放して社会復帰の機会を与えるものである。無期刑については10年，有期刑については刑期の3分の1をそれぞれ経過したのち，**地方更生保護委員会**の審査により，

仮釈放の許否が決定される（同28条，更生保護法）。

4 刑事手続

刑事裁判の基本構造 第2章§1-2でみたように，民事裁判は私人間の紛争を解決するための制度であるから，そこでは当然に原告・被告・審判者（裁判所）の三面関係が成立し，審判者は中立・公平な立場に立ちうるといってよい。これに対し，刑事裁判は犯罪者の処罰という国家刑罰権を実現する手続であるから，刑罰権の主体たる国家とその対象たる私人しか存在せず，したがって，刑事裁判では，単一の国家機関が犯罪者を捜査・訴追すると同時に審判者の立場に立つことも可能である。このような刑事裁判の構造を**糾問手続**と呼ぶ。糾問手続は犯罪処罰にとって能率のよい制度ではあるが，はじめからこの者が犯人らしいという予断をいだき，かつ，有罪の証拠を収集した機関が同時に審判するのであるから，証拠の冷静な評価，中立・公平な判断を期待することは困難である。古い法諺に「裁判官が原告であるとき，被告人は神を弁護人にしなければ対抗できない」といわれているように，糾問手続には誤判の危険が大きかったといえよう。この点を改革するために国家機関を捜査・訴追機関（検察官）と審判機関（裁判所）とに二分し，検察官―被告人―裁判所という，民事裁判と同様の三面関係が刑事裁判にも導入されることになった。しかし，これで問題が解決されたわけではない。訴追と同時に検察官がすべての有罪の証拠（**一件書類**）を裁判所に提出し，裁判官がこれを調査したうえで裁判に臨むならば，結局，裁判官は有罪の予断をもつことになるからである。そこで現在で

は，**起訴状一本主義**（刑事訴訟法256条6項）がとられ，検察官は訴追のさいに起訴状以外の物を提出することは許されなくなった。これによって審判者たる裁判官は，事件について予断をいだくことなく白紙の状態で裁判に臨み，検察官・被告人双方の主張・立証をまって，中立・公平な第三者として審判する制度が確立された。それは憲法37条1項にいう「公平な裁判所」を実現させるとともに，**無罪の推定**に現実的な意義を与えたのである。

当事者主義　裁判所が中立・公正なアンパイアの地位にしりぞいたことにより，刑事裁判においても訴訟当事者が訴訟遂行について主導権をもつ当事者主義が強化された。といっても，両当事者の関係はけっして対等ではない。訴追側の警察・検察は巨大な国家機関であるのに対し，被疑者・被告人は一私人にすぎないからである。そこで憲法，刑事訴訟法は多くの規定をおいて被疑者・被告人の地位の強化をはかっている。まず，訴追側の犯罪捜査に必要な強制的処分（逮捕・勾留・捜索・押収等）を司法的コントロールのもとにおき，現行犯を逮捕する場合その他特別の場合を除き，事前に裁判官の発する令状を要することとした（**令状主義**，憲法33条・35条）。他方で，被疑者・被告人については**黙秘権**すなわち自己に不利益な供述を強要されない権利（同38条1項）を認めるとともに，公務員による拷問の絶対的禁止が宣言された（同36条）。さらに，**弁護人選任権**が保障され（同37条3項），貧困その他の事由により弁護人を選任できない被告人については**国選弁護人**の制度が設けられたのである（刑事訴訟法36条～38条）。起訴前の被疑者段階では，一定の重大事件で勾留され，貧困その他の事由により弁護人を選任することができな

いときに認められる（同37条の2）。弁護人は，拘禁されている被疑者・被告人と立会人なしに接見することができる（**接見交通権**，同39条）。

犯罪捜査　犯罪が発生したときは，犯人の発見およびその身柄の確保，証拠の収集が必要となる。そのための活動を**捜査**と呼ぶ。捜査段階を担当するのは，原則として警察であり，検察官は，主として，捜査の結果により公訴を提起するか否かを判断することをその任務としている。

犯罪捜査は相手方の同意を得て行われる**任意捜査**が原則であり，逮捕・勾留・捜索・押収等の強制的処分には裁判官の発する令状が必要なことはすでに述べたとおりである。被疑者の身柄を拘束する手段としての逮捕には，裁判官が逮捕の理由および必要性を審査したうえで事前に発行する逮捕状を必要とするが，**現行犯逮捕**（刑事訴訟法213条）および**緊急逮捕**（同210条）の場合はこれを要しないとされている。

警察官が被疑者を逮捕したときは，ただちに逮捕の理由となった犯罪事実の要旨と弁護人選任権を告知したうえ，弁解の機会を与えなければならない（憲法34条，刑事訴訟法204条）。さらに，取調べのうえ，48時間以内に，身柄を検察官に送致するか，釈放するかを決定しなければならない（刑事訴訟法203条）。検察官送致の場合には，検察官は，24時間以内，身柄拘束の時から72時間以内に，裁判官に対し被疑者の勾留を請求するか，釈放するかを決定しなければならない（同205条）。裁判官は，被疑者について勾留の理由（住居不定，罪証隠滅のおそれ，逃亡のおそれ）を審査したうえで勾留状を発し，被疑者の勾留を命ずる（同60条・

207条)。この勾留期間は10日を限度とするが,やむをえない理由のあるときは,さらに10日以内(内乱罪,騒乱罪等集団犯罪についてはそのうえに5日以内)の延長が認められる(同208条・208条の2)。こうして,一般の犯罪についての起訴前の身柄拘束は通算23日を限度とし,この期間内に公訴が提起されなければ,それ以上の身柄拘束は許されない。公訴が提起されたのちは,2ヵ月の勾留(延長可能)が許されるが(同60条2項),特別の理由のある場合を除き**保釈**を許さなければならない(同89条)。なお,この**未決勾留日数**は刑期に通算することができる(刑法21条,ただし,刑事訴訟法495条参照)。

公訴の提起と公判手続 捜査の結果,犯罪の嫌疑が十分に存する場合,検察官は裁判所に公訴を提起する。その方法としては,**公判請求**と罰金刑にあたる罪について認められる**略式請求**(刑事訴訟法461条~470条)および争いのない簡易明白な事件について認められる**即決裁判手続**(同350条の2~350条の14)とがある。逆に,嫌疑が不十分であるときは**不起訴処分**が行われるが,検察官には,たとえ犯罪の嫌疑が十分であっても処罰を必要としないと認められる場合には,これを**起訴猶予**とする裁量権が与えられている(同248条)。これを**起訴便宜主義**と呼び,刑事政策的にはきわめて重要な役割を果たしている。しかし,検察官の訴追裁量権がつねに適正に行使される保障はない。そこで,起訴便宜主義をコントロールするための機関として,民間人によって構成される**検察審査会**が設置されている。かつては,その議決は拘束力をもたず勧告にとどまるものであったが,一定の要件のもとに(起訴を相当とする議決をした場合に検察官が改めて不

起訴処分をし，それを再審査して起訴議決をしたとき）公訴の提起が認められることとなった。強制力を有する手段としては，公務員職権濫用罪（刑法193条）等の特定の罪について認められる**付審判請求**（刑事訴訟法262条〜270条）もある。

公訴の提起は，審判の対象となる犯罪事実（**訴因**）を記載した起訴状の提出によって行われる（同256条）。その後の公判においては，訴因事実の存否をめぐり両当事者の訴訟追行が展開される。公判は，冒頭手続→証拠調べ手続→論告求刑→最終弁論→判決言渡しという過程を経て進行する。英米法では，冒頭手続において被告人が有罪の答弁をした場合，証拠調べが不要とされるが，わが国ではこのような**アレインメント**（arraignment）の制度は認められていない（同319条3項，ただし，同291条の2参照）。

犯罪事実の存否は証拠にもとづいて判断されなければならない（同317条）。証拠の提出は，主として，検察官・被告人双方によって行われるが，裁判所も，補充的には職権で証拠の収集・取調べをなしうる。裁判上証拠とすることができるものについては，若干の制限が加えられている。その主要なものは自白と伝聞証拠である。

自白とは，犯人が自己の犯罪事実を認める旨の供述をいうが，「自白は証拠の女王である」といわれるように，古くから重視され，現在もなお重要な証拠として用いられている。しかし，自白偏重から生じる人権侵害の排除，誤判防止の要求から，現在ではその証拠能力，証明力に厳重な制限が加えられている。まず，強制・拷問等による自白その他任意にされたものでない疑いのある自白は証拠とすることが許されない（憲法38条2項，刑事訴訟法

319条1項)。さらに、任意性のある自白であっても、その自白が犯人にとって不利益な唯一の証拠である場合には、その真実性を担保するため、何らかの**補強証拠**が必要とされている（憲法38条3項、刑事訴訟法319条2項)。つぎに、**伝聞証拠**とは、また聞き、あるいは証人の供述を録取した書面をいうが、これらは、直接の供述者に対して反対尋問をすることにより、その証明力を争うことができないため、**反対尋問権の保障**（憲法37条2項）に反するものとして、一定の例外的場合を除いては、証拠とすることは許されない（刑事訴訟法320条～328条）。

適法な証拠調べを経た証拠により、裁判所は有罪・無罪の**心証形成**を行うが、証拠の評価は裁判官の自由な判断にゆだねられる（**自由心証主義**、同318条）。しかし、有罪判決をするときは、合理的な疑いをいれない程度の有罪の心証が必要とされる。もし、そこまでの確信にいたらないときは、無罪を言い渡さなければならない。これが「疑わしきは被告人の利益に」(in dubio pro reo) の法理であり、すでに述べた無罪の推定の帰結である。したがって、刑事裁判においては、民事裁判と異なり、原則として検察官のみが挙証責任を負うことになる。

第一審の判決に対し不服がある場合は、被告人・検察官のいずれも高等裁判所に**控訴**（同372条）することができる。第二審判決に対しては、最高裁判所に**上告**することができる（同405条・406条・411条）。不服申立ての方法がなくなったとき、判決は確定し、有罪判決については刑が執行される。無罪が確定した者については、**刑事補償**の制度（憲法40条、刑事補償法）がある。

三審制という慎重な手続をとっても、なお誤判を生じる可能性

はある。このため法は，判決確定後であっても，事実認定の誤りについては**再審**の制度，法令の解釈・適用の誤りについては**非常上告**の制度を設けて，その救済・是正をはかっている。そのほか，有罪判決をうけた者についても，**恩赦**による赦免・減刑・復権等の制度が認められている。

【参考文献】

木村光江『刑事法入門』（2版）東京大学出版会，2001.
三井誠・曽根威彦・瀬川晃『入門刑事法』（6版）有斐閣，2017.
中山研一『刑法入門』（3版）成文堂，2010.

§4 家族生活と法

1 家族法

家族と法　家族生活は，それぞれの家族内の自律によって円滑に営まれるのがふつうである。そこでは，法規範よりも習俗あるいは道徳が重きをなしている。古くローマの時代には「法は家に入らず」という法格言があった。

しかし，家族は社会生活上の重要な単位をなしており，国としても，これを一定の方針にもとづいて規律する必要がある。たとえば，婚姻について一夫一婦制をとり，非嫡出子や養子についての親子関係を一定の要件のもとで認めるなどは，国の方針によって家族を一定の枠にはめようとするものである。ここでは，家族法は，家族の組織法としての性格をもつ。また，他方では，家族内の紛争について，国として一定の裁判規範を定めておく必要があり，離婚原因や，離婚のさいの財産分与の規定などは，裁判規範としての性格をもっている。

家族法と財産法　家族法は，民法のなかに定められている。民法は，総則・物権・債権・親族・相続の5編から成っているが，前3編が**財産法**，後2編が**家族法**といってよい。

家族法は，**身分法**とも呼ばれる。たしかに，家族法は，夫婦・親子という家族内の身分について規定しているが，身分というと封建的な固定的な身分を思いださせるので，戦後は家族法と呼ぶ

ことが多い。ただ、家族法（family law）というと、外国では親族法にあたるわけであり、わが国でも親族法だけを指すようなことがあるが、相続法も家族関係を基礎とするものであるから、わが国ではこれも含めて家族法と呼ぶことがあるし、それでもよいように思われる。

家族法は、財産法とかなり異なる性格をもっている。財産上の結合関係は、経済的利害による部分的結合であり、そこでの集団は利益集団（ゲゼルシャフト）であるのに対して、家族的結合関係は、利害の打算によらない全人格的結合であり、そこでの集団は、一種の共同体（ゲマインシャフト）である。もっとも、近代社会においては、家族も解体的現象を示すので、この差異をあまり強調することは適当でないし、また、個人の法的主体性を基調とする法の世界に、この差異をそのままもちこむことは必ずしも妥当でないが、このような実体上の差異があること自体はやはり認めなければならない。

紛争の処理という点からみても、財産法では、過去のことがらについてどちらが勝つかを争うのに対して、家族法では、離婚の例のように、将来の家族関係をどうすべきかが問題の中心となることが多い。紛争の処理手続としても、家族関係については、家庭裁判所がおかれ、訴訟でなく調停や審判によって問題を解決することが多くなっている。

家族法は、国が一定の理念のもとに家族生活を規律しようとするものであるから、原則として強行法規である。また、最近では、福祉国家という考え方から、国が積極的に家族生活に関与することが多くなってきている。家庭裁判所の制度にも、国の後見的役

割があらわれているが，児童福祉法による児童の保護，生活保護法による最低生活の保障なども，家族生活と密接な関連をもつものである。

家族法の基本原則　家族に関する法律は，**個人の尊厳**と**両性の本質的平等**に立脚して制定されなければならない（憲法24条2項）。これは，戦前の家族法が，「家」の制度を定め，その家長である戸主に他の家族員を支配する戸主権を認めるとともに，戸主の地位はその全財産とともに長男ひとりに相続されるという，特殊な家督相続制度をおいていたことに対する，強い批判を含むものであった。この憲法の規定にもとづいて，家族法は全面的に改正され，家を中心とする上記諸制度は廃止され，婚姻の自由，夫婦の同権，配偶者相続権の承認と諸子均分相続などを基調とする現行法が定められた（昭和23〔1948〕年から施行）。なお，そのさいに，民法は個人の尊厳と両性の本質的平等とを旨として解釈すべきだとする規定が，新設された（民法1条ノ2〔平成16年改正後は2条〕）。

2　婚姻と離婚

婚　姻　婚姻とは，法律上の正式の結婚のことである。憲法は，婚姻について，「婚姻は，両性の合意のみに基いて成立し，夫婦が同等の権利を有することを基本として，相互の協力により，維持されなければならない」という基本原則をかかげている（憲法24条1項）。男は18歳，女は16歳になれば，婚姻をすることができるが（民法731条），未成年者はまだ判断力が十分に成熟していないので，婚姻について父母の少なくとも一

方の同意が必要とされている（同737条）。これに対して，成年に達した者は，自由に婚姻することができる。もっとも，一夫一婦制からくる重婚の禁止（同732条）や，3親等内の近親婚の禁止（同734条）などの制限には，服しなければならない。

婚姻は，戸籍法による**婚姻届**をすることによって，法律上の正式の効力が発生する（同739条）。この方式は，結婚式などによって社会的に夫婦と認められる者に法律上も婚姻の効力を認めるという**事実婚主義**に対して，**法律婚主義**と呼ばれている。これは，法律関係を届出によって明確にするという，近代社会の要請によるものである。

届出はないが社会的に夫婦と認められているものは，**内縁**，内縁関係，内縁の夫婦などと呼ばれる。以前は，内縁にはまったく法律上の効力が認められなかったが，大正はじめに，内縁を不当に破棄した夫に対しては妻から**婚姻予約不履行**による慰謝料の請求ができるという原則が確立された（大審院大正4年1月26日連合部判決）。それ以来，内縁にも，婚姻に準じた法的保護が与えられるようになってきた。しかし，内縁から生まれた子は嫡出子でないこと，および，内縁の妻には配偶者としての相続権がないことの2点は，正式の婚姻の場合と，いまでもはっきり異なっている。

夫　　婦　　夫婦は，協議で**婚姻届**に記載したところに従って，夫または妻の氏を称する（民法750条）。婚姻届がだされると，夫婦については，親の戸籍と別に，新戸籍を編製する（戸籍法16条）。そのさいに，氏を変えない方が先に**戸籍**に記載されて**戸籍筆頭者**となる（同14条）。戸籍は，夫婦とその未婚の子を単位として編製されているが，これは便宜のためであって，戸

籍が同じかどうか，戸籍筆頭者であるかどうかによって，実質的な法律関係が変わるわけではない。

夫婦は同居し，互いに協力し扶助しなければならない（民法752条）。夫婦の財産関係を規律するのは，**夫婦財産制**であるが，わが国では，**夫婦財産契約**で特別の財産関係を定めることはまれなので，ふつうは**法定財産制**によることになる。わが国の法定財産制は，**夫婦別産制**で，夫婦の一方が婚姻前から有する財産と，婚姻中自己の名で得た財産とは，その特有財産となり（同762条），共同生活の費用は，各自の資産・収入等に応じて分担するものとされている（同760条）。

離　婚　夫婦の共同生活が破綻したときには，離婚の問題が起こる。キリスト教の影響下にある欧米諸国では，離婚を禁止ないし制限する傾向が強かったが，破綻した婚姻については離婚を認めるのが人間的ともいえるので，一般に離婚を容易にする方向へと向かってきている。わが国では，以前から，**裁判離婚**のほかに，**協議離婚**が認められ，夫婦の合意で**離婚届**をだせば離婚ができるようになっている（民法763条）。これは，戦前には，夫が妻の同意を強制することによって，封建的な，夫の追い出し離婚を合法化する役割を果たしたといわれる。しかし，妻の地位が向上した今日では，それは合意による自由な離婚を認める進んだ制度になりうるといってよい。わが国の離婚の約9割は，協議離婚であるが，合意が成立しない場合には，家庭裁判所の調停，審判，あるいはまた，裁判離婚によって，離婚がされることになる。夫婦の一方が反対しているのに離婚を認めるのには，一定の**離婚原因**がなければならないが，現行法では，離婚原因とし

て，不貞な行為，悪意の遺棄，3年以上の生死不明，回復の見込みのない強度の精神病と，「その他婚姻を継続し難い重大な事由があるとき」があげられている（同770条）。ここでは，一定の具体的事由のみを離婚原因とする**絶対的離婚原因主義**に対して，一般条項的な離婚原因を認める**相対的離婚原因主義**がとられている（同770条1項5号）とともに，相手方配偶者に責めのある場合にのみ離婚を認める**有責主義**に対して，相手方に責めがなくても，婚姻関係が破綻すれば離婚を認める**破綻主義**がとられている（同770条1項3号〜5号）。ただ破綻主義といっても，自己の責任で破綻を招いた**有責配偶者からの離婚請求**は認めないのが，判例となっていたが（最高裁判所昭和27年2月19日判決），これに対しては反対論が強くなり，判例も変更された（最高裁判所昭和62年9月2日大法廷判決）。しかし，責めのない他方配偶者をどう保護するかという問題は残されている。

　離婚した場合には，ふつう妻から夫に対して**財産分与**の請求をすることができる（民法768条）。財産分与の内容は，両者の協力によって得た財産の分割が中心となるが，そのほかに，有責配偶者に対する慰謝料請求や，離婚後の扶養料の請求も，実際にはこれに含まれていることが少なくない。さらに，夫婦の間に未成年の子があるときには，離婚後におけるその養育が問題になる。婚姻中は，未成年の子について，父母が共同して親権を行うが（同818条），離婚のさいには，どちらか一方を**親権者**に定めなければならない（同819条）。法律上の保護者である親権者とは別に，実際に養育にあたる**子の監護者**を定めることもできる（同766条）。未成年の子の養育費は，親権者や子の監護者にだれがなるかとは

直接には関係がなく，父母がその資力に応じて負担すべきものと解されている。

3 親　子

嫡出子　　法律上の夫婦の間に生まれた子が，**嫡出子**である。しかし，妻の生んだ子が，必ず夫の子であるとはいえないので，争いを防ぐために，妻が婚姻中に懐胎した子を夫の子と推定する規定がおかれている（民法772条1項）。さらに，懐胎期間の計算のうえから，妻が婚姻成立の日から200日後，または夫の死亡もしくは離婚による婚姻の解消の日から300日以内に生まれた子は，婚姻中に懐胎したものと推定している（同772条2項）。この**嫡出推定**をうける子について嫡出子であることを否認することができるのは，夫だけであり，しかも，子の出生を知った時から1年以内に**嫡出否認**の訴えを起こさなければ，否認できなくなる（同774条〜778条）。法律が嫡出推定にこのような強い効力を認めているのは，家庭の平和を維持するためだとされている。

非嫡出子　　婚姻関係のない男女の間に生まれた子は，民法では「嫡出でない子」と呼んでいる。これを**非嫡出子**ともいう。非嫡出子は，正式の婚姻を尊重する立場からは排撃されるが，子自身には何も罪はないので，人権尊重の立場からはふつうの子と同様に扱うべきものと主張される。わが民法は，親からの扶養については非嫡出子を嫡出子と区別していないが，相続については非嫡出子の相続分を嫡出子の半分として区別していた（民法900条4号但書）。これは，非嫡出子に相続権を認めない国が

多かったので，非嫡出子を比較的優遇していたことになるが，最近では非嫡出子を嫡出子と同等に扱う国がふえてきており，わが国でも最高裁が，婚姻や家族に関して国民の考え方が多様化したことをふまえ，この規定は憲法に違反するとし（平成25年9月4日大法廷決定），同規定は削除された。

非嫡出子については，親子関係が明確でないことが少なくないので，**認知**の制度がおかれ，父または母の認知届によって法律上の父子関係または母子関係が生じるとされている（同779条）。しかし，母子関係は分娩の事実から明確なので，認知を要しない，というのが判例である（最高裁判所昭和37年4月27日判決）。父の方で認知をしてくれないときには，子の方から認知の訴えを起こすことができる（同787条）。これをふつうの**任意認知**に対して**強制認知**という。非嫡出子はいちおう母の氏を称するが（同790条2項），家庭裁判所の許可を得て父の氏に変更することもできる（同791条）。

養　子　嫡出子も非嫡出子も父母の**実子**であるが，そのほかに他人の子を**養子**にすることが認められている。養子になれば，養親の氏を称し（民法810条），嫡出子と同様な扶養と相続の関係が生じることになる（同727条・809条）。

養子は，以前には，家のあと継ぎのため，あるいは，親が自分の楽しみのため，ないしは老後をみてもらうためというのが直接の目的になっていたが，いまでは，子を養い育てることが中心的な目的となるべきだと考えられている。その点から，外国では養子は未成年者に限るところが多いが，わが国では**成年養子**も認められ，実際にも**未成年養子**よりその数が多くなっている。

未成年者を養子にする場合には、子の福祉を害しないようにするために、家庭裁判所の許可をうけなければならないとされている（同798条）。許可があったときは、養子が15歳以上であれば、自分で養親と養子縁組をすればよいが、15歳未満の場合には、養子の法定代理人である親権者または後見人が養子に代わって養子縁組の承諾（代諾）をすることになる（同797条）。

養子と養親との間がうまくいかなくなったときには、**離縁**の問題が起こる。この場合には、離婚の場合と同様に、一定の**離縁原因**にもとづく**裁判離縁**（同814条）とともに、**協議離縁**が認められている（同811条）。なお、昭和62（1987）年の改正で、養子となる者が6歳未満であるなど一定の要件のもとに、嫡出子に近い扱いをする**特別養子**の制度が設けられた（同817条の2以下）。

親権と後見　未成年の子には、法律上の保護者が必要である。それは、子を監護教育するためと（民法820条）、判断能力の十分でない子の財産を管理し、その財産上の法律行為を**法定代理人**として代わって行うためである（同824条）。

法律上の保護者は、第1には親権者、第2には未成年後見人である。**親権者**となるのは父母であるが、養子の場合には養父母が親権者になる（同818条2項）。ふつうは**父母共同親権**として、父母が共同で親権を行うが（同818条3項）、父母が離婚した場合と子が非嫡出子の場合には、どちらか一方だけが親権者になる（同819条）。

つぎに、親権を行う父母がいなくなったときには、家庭裁判所で**未成年後見人**を選んでもらうことになる（同838条・840条）。未成年後見人の職務も、親権者とほぼ同様であるが（同857条・

859条),未成年後見人は父母以外の他人なので,家庭裁判所がそれを監督することになっている(同863条)。

4 扶　養

扶養義務　夫婦や親子は,最も密接な関係にあるものであるから,互いに扶養義務があることは,当然である。民法は,そのほか,祖父母と孫という直系血族の間と,兄弟姉妹の間には,法律上当然の扶養義務があるとし(民法877条1項),さらに特別の事情があるときは,3親等内の親族間にも,家庭裁判所で扶養義務を負わせることができるものとしている(同877条2項)。3親等内の親族というと,おじ・おばとおい・めいの間,また,血族間だけでなく,父母と子の配偶者というような姻族間にも(同725条),扶養義務が場合によって認められることになる。扶養義務者の範囲は,生活の保障について,どこまでを親族の責任とし,どこからを生活保護法による国の責任とするかという,**私的扶養**と**公的扶助**との関係の問題につながるわけであるが,わが国では親族の責任をかなり広く認めていることになる。

　法律上の扶養義務が生じるのは,具体的には,最低生活を維持しえない**扶養必要状態**にある者を,生活に余裕のある**扶養可能状態**にある者が扶養するという場合である。最低生活をこえる扶養を求めたり,余裕のない者が自分の分まで削って扶養をしたりすることは,法律上の扶養義務には含まれない。もっとも,夫婦間および親と未成年の子の間には,これらを含めた,一般の扶養義務(**生活扶助義務**)より強い**生活保持義務**があるという考え方もある。扶養の順位や,扶養の程度・方法について当事者間で協議

がととのわなければ、家庭裁判所でそれをきめることになる（同878条・879条）。

これとは別に、直系血族間と同居の親族間には、互いに助け合うという**互助義務**があるとされている（同730条）。しかし、道徳的にはともかくとして、法律上の義務としては、扶養の義務のほかに特別の義務はほとんど考えられないから、この規定はあまり意味がないといってよい。

5 相 続

相続制度の意味 相続は、死後の財産である遺産をどう処理するかの問題である。遺産の所有は、財産権の死後への延長でもあるので、相続制度も、私有財産権の保障の延長として、強い法的保護をうけるものと考えられる。また、死者（被相続人）は、生前にはいちおう自由に自分の財産を処分できるが、その延長として、**遺言**（いごん）によっても原則として自由に処分ができると考えられる。これが**遺言自由の原則**である。しかし、一定の範囲内の遺族については、その利益の保障のために、遺産の一定割合（1/2とか1/3）を**遺留分**として残すべきものとされている（民法1028条）。遺言のない場合には、法律で定められた割合の**相続分**に従って、相続人に遺産が承継されることになる。

しかし、遺産は、相続人にとって、一種の不労所得であり、それを社会に還元すべきだという考え方もありうる。資本主義国でも、この考え方によって、高い相続税を課し、公平な分配をはかるという政策がとられたりしている。

3-1表

相続人(民法887〜890条)	相続分(民法900条)	遺留分(民法1028条・1044条)
第1順位 { 子	1/2	1/4 } 1/2
{ 配 偶 者	1/2	1/4
第2順位 { 直系尊属	1/3	1/6 } 1/2
{ 配 偶 者	2/3	2/6
第3順位 { 兄弟姉妹	1/4	0
{ 配 偶 者	3/4	1/2
配偶者のみ	全部	1/2
直系尊属のみ	全部	1/3

相続人と相続分・遺留分　　相続人とその相続分および遺留分について一覧表を作ると，3-1表のようになる。

子，直系尊属（父母・祖父母），兄弟姉妹という同順位者がそれぞれ数人いるときには，各自の相続分は原則として均等とされる（民法900条4号）。そこから**均分相続**あるいは**諸子均分相続**という呼び方がでてくる。なお，子または兄弟姉妹については，それが被相続人より先に死亡した場合に，その子である孫またはおい・めいが，**代襲相続**するものとされている（同887条2項3項・889条2項・901条）。

遺留分については，それを侵害する遺贈や贈与がなされても，無効ではなく，遺留分権利者が，被相続人の死後，侵害の事実を知った時から1年以内に，遺留分にもとづく遺贈または贈与の減殺の請求をしたときだけ，遺贈または贈与のなかから，遺留分に達するまでのものを返還することになる（同1029条〜1042条）。

【参考文献】

川島武宜『日本社会の家族的構成』日本評論社，1948.

我妻栄『親族法』有斐閣, 1961.
加藤一郎『図説家族法』有斐閣, 1963.
我妻栄・有泉亨・遠藤浩『民法3』(2版) 勁草書房, 2005.
遠藤浩ほか編『民法 (8・9)』(4版増補補訂版) 有斐閣, 2004, 2005.
星野英一編集代表『民法講座7　親族・相続』有斐閣, 1984.
現代家族法大系編集委員会編『現代家族法大系』(全5巻) 有斐閣, 1979～80.
福島正夫編『家族―政策と法』(全7巻) 東京大学出版会, 1975～84.
川井健ほか編『講座現代家族法』(全6巻) 日本評論社, 1991～92.

§5　財産関係と法

1　財産法

財産法の内容　財産関係を規律する法としては，民法の前3編（総則・物権・債権）と商法が中心をなしている。しかし，このほかに，実質的に民法・商法の分野に属しながら，法律としては別になっているものとして，借地借家法・会社法・手形法・小切手法などの特別法がある。

　財産法は，一方では，所有権というような財産権の静止的な内容を定めるとともに，他方では，売買というような取引と，それによる権利の動的な変動について定めている。また，財産法を取引を中心としてみるならば，取引の主体としての個人と法人，取引の客体としての所有権その他の権利，取引の手段としての各種の契約というように分けて考えることもできる。なお，財産法のうち，一般市民間の財産関係については**民法**が適用されるが，会社の組織や商取引については**商法**が適用されることになる。

財産法の基本原則　財産法の基本原則としては，人格の自由，所有権の自由，契約の自由の3つ，あるいは，それに過失責任の原則（過失責任主義），を加えて4つをあげることができる。

　第1に，**人格の自由**は，個人がすべて完全な法主体性をもち，法的には対等な立場で取引しうることを指している。今日では，古代の奴隷や中世の隷農のように，法主体性を否定されたり制限

されたりする者は存在しない。この人格の自由は，権利能力の完全・平等という形で，民法に間接的に規定されている（民法3条1項）。

第2に，**所有権の自由**は，所有権が封建的な拘束などから解放されて，自由に取引の客体となりうることを指している。このことは，憲法29条の財産権の保障，および，民法206条の所有権の規定に示されている。

第3に，**契約の自由**は，**契約自由の原則**とも呼ばれ，取引当事者が取引の手段として契約を自由に締結しうることを指している。契約の自由のなかには，契約を締結するか否かの自由，相手方を選択する自由，契約内容を決定する自由，契約書を作らなくて口頭の契約でもよいという契約の方式の自由などが含まれている。契約の自由を直接に明記した規定はないが，それは憲法29条の財産権の保障のなかに論理的に含まれているといえよう。

第4に，**過失責任の原則**は，ひとは故意または過失があるときだけ，他人に対して損害賠償の責任を負うという原則である。主として不法行為についていわれるが（民法709条），債務不履行についても同様の原則があてはまる（同415条）。これは，逆にいえば，故意・過失のない限り，ひとは自由に活動しうるということであって，契約自由の原則による取引活動の自由と表裏をなすものである。

以上のうち，はじめの3つの自由は，取引の自由を通じて経済法則が自由に支配することを可能にする。これらの法的自由は，取引の自由ないしは自由競争によって経済が最もよく運行されるという自由主義経済思想に対応するものである。そこで，20世

紀になって資本主義の高度化・独占化が進むに従って、このような取引の自由、したがって法的な自由も、種々の面から制約されてきている。また、このような法的自由はいわば形式的な自由であって、経済的な強者の自由とその弱者に対する支配をもたらすことにもなるので、労働法や借地借家法などにより、強者の自由をおさえて弱者のために実質的な自由を保障しようとする動きがでてくる。さらに、今日では、財産権も絶対に不可侵ではなく、それは**公共の福祉**に適合しなければならないとして（憲法29条）、権利の公共性・社会性が説かれ、そこから、**信義誠実の原則**や**権利濫用の禁止**が強調されてきている（民法1条2項・3項）。しかし、これらの修正が行われても、理念的には、今日でも、やはり上にあげた諸原則が民法の基本原則をなしているといってよい。

2 取引の主体

権利能力と行為能力　取引の主体としては、個人と法人とがあるが、まず個人から考えてみよう。取引の主体となるためには、まず取引の対象となる権利についての主体となりうることが必要である。権利主体となりうる能力のことを**権利能力**というが、すべての人は出生とともに完全な権利能力をもつとされる（民法3条1項）。もっとも、相続の関係や損害賠償の請求については、出生前の胎児であっても、相続権や損害賠償の請求権が認められている（同886条・965条・721条）。

出生によって権利能力はあっても、20歳未満の**未成年者**は、合理的な取引をするだけの十分な判断能力をもたないので、単独で有効な取引はできないものとされている（同4条～6条）。単独

で有効な取引のできる能力を**行為能力**というが，未成年者のほかに，成年にも行為能力に一定の制限のある者がある。平成11 (1999) 年の改正により，成年被後見人，被保佐人および被補助人が，行為能力を欠く**制限行為能力者**とされている。**成年被後見人**は，精神上の障害により事理弁識能力のない者で，家庭裁判所で後見開始の審判をうけた者であり（同7条・8条），**被保佐人**は，精神上の障害により，事理弁識能力が著しく不十分な者で，家庭裁判所で保佐開始の審判をうけた者である（同11条・12条）。また，**被補助人**は，精神上の障害により事理弁識能力が不十分な者で（同15条），家庭裁判所で補助開始の審判をうけた者である（同15条・16条）。

未成年者には，**親権者**または**未成年後見人**という法律上の保護者がつき，その代理または同意によって取引がされる（同5条・824条・859条）。成年被後見人には，**成年後見人**がついて，その代理によって取引がされ（同8条・859条），被保佐人には**保佐人**がついて，重要な行為についてはその同意によって取引がされる（同11条・13条）。被補助人には，**補助人**がついて，家庭裁判所が審判で決めた範囲のことがらについて，その同意によって取引がされる（同16条・17条）。これらは，いずれも，不利な取引をしないように制限行為能力者を保護するためのものである。

法人と会社　個人のほかに，権利主体となることを認められるものとして**法人**がある。法人となるには，法律の規定によることが必要である（民法33条）。法人には，**営利法人**としての各種の会社と，それ以外に，**一般社団法人・一般財団法人**がある。一般社団法人・財団法人については目的事業が限定さ

れていないが，剰余金の分配やそれを受ける権利を与えることを定める定款は，無効とされる（一般社団法人及び一般財団法人に関する法律）。さらに，これらのうち，公益の増進を目的とする事業を適正に実施しうるとして，行政庁より認定を受けた法人を**公益社団法人・公益財団法人**という（公益社団法人及び公益財団法人の認定等に関する法律）。その他に，特定非営利活動法人（NPO，特定非営利活動促進法による），特別法による宗教法人・学校法人・社会福祉法人・医療法人などがある。

会社には，会社法による株式会社・合名会社・合資会社・合同会社がある。このうち，代表的な**株式会社**をみると，その構成員である**株主**は，会社への株式払込義務を負うだけで，会社の債権者に対しては，会社のみが責任を負い，株主は直接の責任を負わないという，**有限責任**の制度がとられている（会社法63条・104条）。ここでは株主の個性はとぼしく，**株主総会**の多数決で重要事項が決定されるが（同309条），会社の業務執行は**取締役会**にゆだねられているので（同329条・362条），株主による企業の所有からある程度独立して有能な経営者による経営が行われやすい。このような現象を，企業における**所有と経営の分離**ということがある。また，株主は剰余金の配当をうけるが，株主の地位である**株式**は自由に譲渡することができるので（同127条），便利である。このような点で，株式会社は近代的な企業に適した性格をもち，企業形態としていちじるしく発展した。なお，株式会社の場合に，それを代表して対外的な取引をするのは，**代表取締役**である（同349条）。代表取締役であるか否かと「社長」，「会長」，「専務取締役」などの肩書とは関係がない。

3 取引の客体

不動産と動産　権利の客体としての有体物は、動産と不動産に分けられる。**不動産**とは、土地とその定着物である建物その他の工作物をいい、**動産**とは、それ以外の物をいう（民法86条）。不動産については登記制度があって、その権利関係が公示されるのに対して、動産については、一般的にはそれがないというのが両者の大きな相違であり、そこから取引の場合に異なる取扱いをうけることになる。

物権と債権　不動産や動産を直接に支配する権利を**物権**という。物権の中心をなすのは、**所有権**であり、所有権者は、法令の制限内で、所有物を自由に使用・収益・処分することができる（民法206条）。しかし、この所有権の自由も絶対的なものではなく、所有権は社会的な制約をうけ、公共の福祉に適合するように行使すべきものであることが強調されるようになった（憲法29条2項参照）。そこで、所有権の行使が権利の濫用として許されない場合も生じてくる（民法1条1項3項）。

所有権以外の物権としては、一方で、不動産の利用を目的とする**用益物権**があり、山林や宅地の地上権（同265条）、農地や牧野の永小作権（同270条）、隣地利用のための地役権（同280条）、山野から共同に採草などをする入会権（同263条・294条）の4つがこれに含まれる。これに対して、他方では、債権の担保として目的物の価値を把握する**担保物権**があり、留置権（同295条）、先取特権（同303条）、質権（同342条）、抵当権（同369条）の4つがこれに含まれる。さらに、実質上の権利（本権）がなくても、物

を事実上支配している場合には，**占有権**として保護をうけるものとされている（同180条）。これらの物権は，いずれも，その内容に応じて，目的物を直接に支配するものと考えられ，権利者はだれに対してでもその権利を主張して妨害の排除などを求めることができるとされている。このように物権は排他性をもち，第三者に影響を及ぼすので，物権については，**物権法定主義**がとられ，法律によらなければ新たな物権を創設することはできないとされる（同175条）。また，物権に関する規定は，原則として強行法規である。さらに，その権利者は，物権を自由に譲渡することができるとされている。

これに対して，**債権**は，他人に対して，金銭の支払その他一定の行為を請求しうる権利である。金銭債権が債権の代表であるが，そのほかに，物の引渡請求権，賃貸借のような契約にもとづいて物の使用を請求する権利などがある。債権は，もともとは債権者と債務者との間だけの関係であって，第三者に対しては効力が及ばないのがふつうである。そこで，債権に関する規定は，原則として任意法規である。また，債権の譲渡についても，金銭債権は原則として自由に譲渡しうるが（同466条），賃借権のように自由に譲渡しえない債権（同612条）も少なくない。

有価証券　手形・小切手は，金銭債権が1枚の用紙に表彰され，その表彰された権利が用紙とともに移転していくものである。また，株券も，株主の地位としての株式を表彰する用紙である。このように一定の権利を表彰する証券で，その権利の行使または移転に証券の所持または引渡しが必要とされるものを**有価証券**という。有価証券は取引によって転々流通することが予

定されているものであり、その流通は強く保護されている（手形法17条、小切手法21条・22条、商法519条）。

以上、各種の財産権の内容をみてきたが、われわれの財産の中心は、土地・建物のような不動産から金銭債権へ、さらにまた、各種の有価証券へと、しだいに流動化していく傾向にあるといってよい。

4 取引の手段としての契約

契約の諸類型　債権関係は、もともとは債権者・債務者の間だけの関係であるから、当事者双方が同意すれば、その内容を自由にきめることができるはずである。民法には、贈与・売買など13種類の契約の規定があるが、物権法定主義とは異なり、契約自由の原則によって、これらの**典型契約**に入らない**無名契約**（非典型契約）も自由に締結することができる。また、債権の規定は、原則として任意法規であるから、自由に特約を定めることができ、同じく売買契約といっても、その内容には種々のものがありうるわけである。

公序良俗と強行法規　しかし、契約の自由も、絶対的なものではなく、それを法的に制限するものとして、公序良俗と強行法規がある。

たとえば、借地借家法は、借家人保護のために、家主は正当の事由がなければ借家人に対して明渡請求ができないものとしており（借地借家法28条）、「家主の請求ありしだいいつでも明け渡す」というそれと異なる特約をしても、効力はない（同30条）。これは借地借家法の規定が**強行法規**とされ、それに違反している

§5 財産関係と法 149

からである。しかし，それとは別に，契約が法の理想とする公の秩序または善良の風俗（**公序良俗**）に反する事項を目的とするときは，やはり無効とされる（民法90条）。公序良俗違反の規定は一種の一般条項で，その内容を限定することはできないが，人身売買や暴利契約などは，これによって無効とされる。

契約の締結　契約自由の原則は，自由な取引によって合理的な契約が成立することを期待するものであるが，そのためには当事者が合理的な意思にもとづいて契約をすることが必要である。契約を分解してみると，一方からの**申込み**と相手方の**承諾**という2つの**意思表示**から成立しているので，それぞれの意思表示が合理的になされていることが必要となる。

ところで，合理的な意思の期待されない制限行為能力者の場合には，法律上の保護者の代理または同意なしに単独でした意思表示，したがってそれにもとづく契約は，完全に有効ではなく，取り消しうべきものとされている（143〜144頁参照）。**取消し**は，いちおうは有効な意思表示を取消しの意思表示によって，はじめから無効にするものである（民法121条）。

つぎに，行為能力者の場合でも，**詐欺・強迫**をうけてした意思表示は，合理性がないから，取り消しうべきものとされている（同96条）。そのほか，本人が本気でなく冗談やうそをいったという**心裡留保**であって，相手方もそれとわかるはずだったという場合（同93条），財産の仮装譲渡のように，当事者双方が真意のないことを知っている**虚偽表示**の場合（同94条），にせものを本物と思ったというように，取引の重要な内容（要素）について思い違いをしている**錯誤**の場合（同95条）には，意思表示，したが

ってそれにもとづく契約は、はじめから当然に**無効**とされている。

契約のように、当事者の意思表示にその欲したとおりの法的効果が与えられて、権利義務が変動するものを、**法律行為**と呼んでいる。法律行為の代表は、利害の相対立する当事者間の相互の意思表示の合致によって成立する**契約**であるが、そのほかに取消しのように一方からの意思表示だけで成立する**単独行為**と、法人の設立のように、多数の者が同一目的に向かってする多数の意思表示によって成立する**合同行為**が、法律行為に含まれる。このような契約以外の意思表示および法律行為についても、契約に関して以上に述べたことがあてはまることになる。

売買契約　ここで、主要な契約について、その内容を概観することにしよう。まず、売買は、売主が所有権その他の財産権を買主に移転することを約し、買主が売主に代金を支払うことを約する契約であって（民法555条）、取引の中心をなすものである。

不動産を売買したときには、所有権移転の**登記**をするのがふつうであるが、登記によって所有権が移転するのでなく、登記は売買契約によってなされた所有権の移転を、第三者に対抗するための**対抗要件**とされている（同176条・177条）。たとえば、不動産の所有者Aが、Bにそれを売ったのちにCにそれを二重譲渡したときには、先に買ったBではなく、BでもCでも先に登記をした方が他方に対して所有権を対抗しうることとなり、所有権者と認められることになる。逆にいえば、ある不動産を買おうとするCは、Aに登記があってBの登記がなければ、A以外に権利者はないものとして、それを買うことができるわけである。このことは、

地上権の取得や移転のような，所有権の移転以外の**物権変動**にもあてはまる。このように登記などによる権利の公示に一定の効力を与えることを，物権変動における**公示の原則**という。

しかし，この場合に，Aが無効の取引や書類の偽造によって登記した者であって，真実の所有者ではなく，他に真実の所有者Xがいるとすれば，BがAの登記を信頼して買って登記をしたとしても，無権利者から買ったのだから，所有権者にはなりえない。この場合に，取引の安全のために，登記を信頼したBの所有権取得を，とくに法律で認めれば，物権変動における**公信の原則**が認められたことになり，登記には**公信力**があることになるが，わが国では，不動産については公信の原則を認めていない。

動産の場合には，登記制度がないので，登記の代わりに目的物の引渡しが物権変動を第三者に対抗するための対抗要件とされている（同178条）。さらに，動産については，取引の安全を保護するために，公信の原則が認められている（同192条）。また，有価証券については，動産以上に強く公信の原則が認められており，（小切手法21条，商法519条），取引の安全がいっそう強く保護されている。

なお，売買における目的物の引渡し・登記と代金支払との間には，当事者間の公平のために，**同時履行の抗弁権**が認められている（民法533条）。

賃貸借契約 賃貸借は，賃貸人が賃借人にある物の使用収益をさせることを約し，賃借人が賃貸人に賃料を支払うことを約する契約である（民法601条）。賃貸借のなかで重要なのは，宅地・家屋・農地の賃貸借であり，それぞれ，借地・借

家・小作という特別の名称で呼ばれている。このうち，借地については地上権，小作については永小作権という物権による方法もあるが，物権では利用者の権利が強くなるため，地主は賃借権でなければ貸さないのがふつうである。また，借家にははじめから物権による方法がなく，弱い賃借権によるほかはない。

このことは，不動産の利用者の地位を不安定にし，社会的に大きな問題となったので，賃借人の利用権を強化するために，建物保護法（明治42〔1909〕年），借地法・借家法（大正10〔1921〕年），農地調整法（昭和13〔1938〕年，現在は農地法）という特別法によって，賃借権の強化がなされた。このうち，前の3つの法律は，借地借家法に統合された（平成3〔1991〕年。その際，新たに定期借地権を設けた）。その内容は，所有者が変わったときの新所有者への対抗力の賦与と，存続期間の延長を中心としており，賃借権は，自由な譲渡性がないこと（民法612条）を除けば，ほぼ物権に近いものとなったので，これを**不動産賃借権の物権化**と呼んでいる。これは，利用者の地位の安定を公共の福祉に適合するものと考えて，所有権を制限していったものといえよう（憲法29条2項参照）。

労働契約 労働者が使用者に対して労働をすることを約し，使用者が労働者に賃金を支払うことを約する契約を，民法上は雇用契約と呼んでいる（民法623条）。民法は，これを契約の自由にゆだねたため，経済的な力関係により，使用者に有利で労働者に不利な契約を結ぶようなことが行われた。第2次大戦後には，労働法の分野が発展して，契約の自由を修正し，雇用契約は労働契約と呼ばれて労働法の保護をうけることとなり，民法の雇用の規定はほとんど意味を失うことになった（164～170頁参

照)。

消費貸借契約 金銭の貸借は，借主がその金銭を消費して別の同額の金銭を返すことになるので，消費貸借契約と呼ばれる（民法587条）。貸主に対しては，借主が一定の利息を支払うことが多い。

金銭の消費貸借には，**担保**がともなうことが少なくない。貸主は，借主が支払わない場合には，担保によって貸金を回収することになる。担保としては，抵当権・質権という**物的担保**（担保物権）が重要であるが，保証人という**人的担保**も広く用いられている。物的担保では，債権者が目的物を競売して，その代金から他の債権者に優先して支払をうける。物的担保のうち，**質権**は質権者が目的物を占有するのに対し（同342条），**抵当権**は，目的物が不動産に限られるが，抵当権者が登記をするだけで，借主は目的物をそのまま占有して利用することができるため（同369条），双方に便利であり，広く利用されている。人的担保としての**保証人**の場合には，借主が支払わないときに保証人が代わって支払をすることになる（同446条）。

資本主義と契約 以上4種の契約をとくにあげたのは，それが資本主義経済と深い関係をもつからである。商品を製造する生産会社の活動について考えてみると，それは，賃貸借契約によって不動産を借り，消費貸借契約によって銀行から資金を借り，売買契約によって機械や原料等を集め，労働契約による労働者の労働を通じて，生産を進めていく。その生産物はふたたび売買契約によって金銭となる。このように経済活動は，法的側面からみると，契約を通じての各種の権利義務関係から成

契約の履行 契約は締結した以上は守らなければならないが、一方の当事者がそれを守らないときには、**債務不履行**の問題となる。

債務不履行の場合に、債権者としては、**強制執行**によって債務を強制的に履行させる方法がある（民法414条、民事執行法43条〜173条）。しかし、それが手数がかかったり、履行させる意味がないときには、契約の**解除**（民法540条〜545条）か、債務不履行による**損害賠償**の請求（同415条〜422条）によって、問題を処理することになる。

商取引の特則 以上は、一般市民間の取引に関する、民法の規定について述べてきた。これに対して、商法には商取引（法律的にいえば商行為）についての特則が定められている。**商行為**には、利益を得て売るために物を買うという投機売買のように、1度だけでも商行為になる絶対的商行為（商法501条）、他人のためにする製造・加工のように、営業としてする場合に商行為となる営業的商行為（同502条）、商人がその営業のためにする附属的商行為（同503条）の3種がある。法律上で**商人**というのは、自己の名でこれらの商行為を業とする者であるが、会社はすべて商人とみなされる（同4条、会社法5条）。

商取引は、営利を目的とし、集団性・反復性をもち、個性にとぼしく、また取引の安全・迅速が要求される。そこで、たとえば、当事者間で利率の定めのない場合の法定利率について、民法上では年5分なのが（民法404条）、商行為による債務については年6分とされ（商法514条）、また、商人間の売買については、買主が

目的物をうけとってすぐに検査して品質不良や数量不足について通知しなければ，あとで契約の解除や損害賠償の請求ができない（同526条）とされている。

5 不法行為による損害賠償

過失責任と無過失責任　債権の発生原因としては，契約のほかに，**不法行為**が重要であり，加害者の故意または過失によって自己の権利を侵害された被害者は，加害者に対して，損害賠償請求権をもつものとされる（民法709条）。不法行為については，このような**過失責任**が原則であるが，鉱業，原子力事業，一部の公害（大気汚染と水質汚濁）のようにとくに危険性の高い事業や，自動車のような危険物については，特別法によって，**無過失責任**ないしはそれに近い責任が課せられてきている。

また，大量生産される商品のような製造物の欠陥によって人の生命，身体または財産に被害が生じた場合には，その製造業者が，民法の過失責任の適用に加えて，無過失でも損害賠償の責任を負う，という**製造物責任法**が，制定された（平成7〔1995〕年7月1日施行）。これによって，商品の欠陥によって被害を受けた消費者は，過失よりも証明のしやすい欠陥を挙証することによって，救済を受けることができるようになった。

他方において，企業内部の労働災害については，災害補償として，使用者に一定額の補償の義務が負わされている（労働基準法75条以下。168頁参照）。

しかし，これらの特別法の適用のない通常の不法行為については，今日でもやはり過失責任の原則が維持されている。

【参考文献】

我妻栄・有泉亨・川井健『民法1』(3版) 勁草書房, 2008.
我妻栄・有泉亨・川井健『民法2』(3版) 勁草書房, 2009.
遠藤浩ほか編『民法 (1〜7)』(4版) 有斐閣, 1996〜2004.
我妻栄『民法講義』(Ⅰ新訂民法総則, Ⅱ新訂物権法(有泉亨補訂), Ⅲ新訂担保物権法, Ⅳ新訂債権総論, Ⅴ債権各論〔上・中1・中2・下1〕) 岩波書店, 1954〜83.
遠藤浩ほか監修『現代契約法大系』(全9巻) 有斐閣, 1983〜85.
服部栄三・北沢正啓編『商法』(10版補訂版) 有斐閣, 2005.

§6　労働と法

1　市民法と社会法

近代法のもとにおける不平等　近代法，とくに近代財産法は，人格の自由，所有権の自由，契約の自由および過失責任の原則を，その基本原則としている（141〜142頁参照）。これらの原則を基本として組み立てられている近代法のほんらいの姿を，市民社会の法という意味で**市民法**と呼ぶことがある。その根本理念は，個人の自由・平等・独立の前提に立って，この個人間の自由競争が社会の発展をもたらすとともに，各人に幸福を保障するという予想のうえに立っていた。

ところが近代市民法がこのような自由・独立・平等の個人を前提としていたのに対し，かかる近代法のもとで展開された自由競争の結果，経済的強者と経済的弱者の対立が生じ，所有権の絶対性の保障のもとに社会の多くの個人が現実に生活資料を所有することができず，契約自由の名のもとに事実上経済的強者によって契約条件の一方的おしつけが行われ，契約は事実上不自由なものとなり，自由・平等の名のもとに事実上の支配関係が生まれるにいたった。

このような近代市民法の現実の機能に対する反省は，個人を形式的に自由・平等・独立の「人格」として把握することから一歩を進め，これを具体的な「人間」としてとらえ，これに対し人間としての生存を保障しようとするのがワイマール憲法以下のいわ

ゆる20世紀的憲法に具体化された**生存権の思想**である。かかる生存権の理念を中心として、これにもとづいて近代市民法の原理を修正するためにあらわれた新しい法思想が**社会法思想**であり、このような思想にもとづく法が**社会法**と呼ばれる。

社会法の理念と内容 　社会法理念の中核は、各人に人間らしい生存を保障しようとする生存権の理念である。わが国の憲法25条は、これを「健康で文化的な最低限度の生活を営む権利」と表現している。この新しい法理念は、これまでの近代市民法の、自由競争にもとづく予定調和の思想が現実によって裏切られたことの認識から出発するものであるから、市民法の自由競争の原理に一定の制限を加えるものであることは当然である。したがって、社会法は、市民法の諸原理に対して、生存権という理念に従ってこれを大幅に修正するものであることはいうまでもない。事実ワイマール憲法にはじまる20世紀的憲法は、生存権の保障と相まって、**所有権の絶対性に対する制限**を基本的内容としている。ここでは個人の財産権は、各人に人間らしい生存を保障するという社会法の基本理念に従って、一定の社会的統制に服することとなる。つぎに個人の契約の自由もまた、その結果契約当事者の一方の生存が否定される限りにおいて、大幅の制限をうける。

　ここでは個人の契約の自由は、一方において、直接国家による生存権保障という観念からの統制に服するとともに、経済的弱者がその生存を守るために形成した、団結体による集団的取引によって規制されることとなる。かくて個人の契約による社会関係の形成という、近代市民法のたてまえは、国家による契約内容の直

接的規制と集団的取引にもとづく集団的規制によっておきかえられる。

　他方，過失責任の原則は，経済的強者による支配圏の拡大によって経済的弱者の生存がおびやかされるという事実の認識のもとに，企業活動の領域において，無過失責任の原則による修正を余儀なくされる (155頁参照)。自由競争の原理のもとに自由に社会的活動を展開し，たとえそれによって他人の権利が侵害されても，過失がなければ侵害に対して責任を負わないとする過失責任主義の原理は，権利を侵害された者の生存権の保障という社会法思想のもとで，これまた修正をうけることになるのである。

　このような理念のもとで，新たに形成された社会法の体系は，きわめて広範な領域にわたり，さまざまな形で，さまざまの法領域にあらわれている。それは上述した市民法の原理に対する修正を含む限りにおいて，古典的な市民法と区別されるが，同時にそれは生存権の思想を根幹とする限りにおいて，他の何らかの理念のもとに個人の自由を制限する諸法規 (たんなる経済統制法など) と区別される。

　つぎに，社会法は近代市民法の修正形態としてあらわれ，各人に人間としての生存を保障することを目的とする限りにおいて，社会主義国家の法とその理念を一にするが，社会法はさしあたり個人の自由・平等・独立という市民法の基本理念をまったく否定するものではない。社会法は市民法のこれらの抽象的理念に実質的内容を与えんとするものであり，個人の自由な (経済活動を含めての) 社会活動をまったく否定するものではない (この点は，たとえば，労働基準法は労働契約締結後の労働条件の内容に介入し，両当

事者の契約内容形成の自由を制限しているが，契約締結の自由にまで介入しておらず，使用者は採用の自由を認められている——なお，164〜170頁参照)。私有財産制度は制限をうけるが，ここではなお生産手段に対する私有は原理的に否定されてはいない。もちろん各人に生存権を保障するという社会法の基本理念から，特定の社会の，特定の時期においては，自由経済制度の完全な否定，生産手段に対する私的所有の廃棄が必然化されることがあるかもしれない。この場合には，社会法は理念的には**社会主義法**へと転化し，この法を強制する国家は社会主義国家へ移行するものといえよう。

ところでこのような社会法は，具体的には，まず特定の社会関係における経済的弱者の保護という形をとり，その特定の物についての所有権の制限および契約自由の制限を内容とし，また無過失責任の原理を具体化することを内容とする。かかる社会関係のなかで最も重要なものが，労働関係であり，この場面では社会法は**労働法**という新しい法の体系としてあらわれる。したがって，労働法は社会法のなかで最もまとまった，最も重要な法体系である。特定の社会関係に妥当する社会法としては，労働法のほか借地・借家関係において借地人や借家人の生存権保障のために，契約の自由を制限し，また所有権の機能を限定しようとする**借地借家法**等のほか各種の法グループが存在する。この種の特定の社会関係に妥当する社会法とならんで，社会一般における各人の生存を直接保障しようとする新しい法体系は**社会保障法**として包括される。ここでは各個人は特定の社会関係における経済的弱者としての資格においてではなく，社会における具体的「人間」として把握される。「人間」としての最低限の健康にして文化的生存を

2 労働法の理念と体系

労働法の理念　労働法は以上に述べたように社会法の一部であり，その最も重要なものとして，当然社会法の理念である生存権の思想をその基本理念としている。この基本理念のうえに，労働法は使用者との関係において実質的に契約の自由を奪われている労働者に対して，労使関係の場において人たるに値する生活を保障しようとするものである。

近代市民社会において労働者が使用者との関係において，とくにその生存権確保のため特別の措置を必要とすることの根拠は，およそつぎの点にこれを求めることができる。すなわち，近代社会においては労働力と生産手段の担い手は分離・対立し，労働者は労働力を使用者に売ることによってのみ，これを生産手段と結合せしめ，経済活動を行い，これを通じて生活を営むことができる。ここでは，近代社会における社会関係は主として契約によって形成されるという基本的事実の反映として，労働者は契約を通じて自己の労働力を生産手段の支配者たる使用者の処分にまかせることによってのみ，社会的生産に参加し，かつ生活の資を得ることができるのである。

この場合に労働者は労働力の商品としての特殊性のゆえに，形式的には使用者に対し独立・自由・平等の契約当事者としてあらわれるにもかかわらず，実質的にはこれに従属せざるをえない。労働力の商品としての特殊性はおよそつぎの3点に要約しうる。すなわち，第1に，それは内容不確定の商品である。労働契約は

特定の使用者のもとで、その指揮命令に従って働くことを内容とする。たとえ労働時間の長さを定めることにより労働の量的限界が確定していても、その質的内容は労働の過程において具体的に確定されていくものである。このことは、労働者が使用者の指揮命令権のもとに服することを結果する。この使用者の指揮命令権は、通常、就業規則制定権を包含する。就業規則を、使用者の制定する法規と考えるべきか、または使用者の提示する契約条件にすぎず、労働者は契約の締結にあたってこれに包括的同意を与えるものと考えるべきかは別として、労働契約の内容は、事実上使用者の一方的に決定する就業規則によって決定される。第2に、労働力という商品は、労働者の人格と不可分であり、これと切りはなして処分することは不可能である。このことは第1の特質と相まって、労働契約における形式的平等にもかかわらず、労働者の使用者に対する事実上の従属を結果する。第3に、労働力は売り惜しみに適しない商品である。一般の商品のごとく、価格が低い場合には売り控えによって、需給関係を調節し、高いときにこれを売ることは、労働力の場合には不可能である。今日の労働はもはや明日売ることはできない。このような労働力の商品としての特殊性のために、労働者はいわばつねに投げ売りを強いられることになる。

　以上の労働力の商品としての3つの特殊性から、労働者は使用者との関係において必然的に従属的立場におかれ、相互の交渉力の平等は望むべくもない。このような労働者の立場こそ、抽象的な経済的弱者の保護という社会法の一般原理と区別される、労働法固有の原理を必然化するものにほかならない。この場合、かか

§6 労働と法 163

る労働法の原理は2つの異なった形であらわれる。

労働法の2大分野　　第1に，かかる形式的平等のもとにおける従属性の克服のために，労働契約については，国家権力による契約の自由・私的自治への直接的な介入が必然化される。労働条件の最低基準の法定によって，直接国家が労働者保護のため，契約内容に介入し，私的自治を一定限度において排除する。これが**個別的な労働法**または**労働保護法の原理**であり，その理念はわが国では憲法27条，とくにその2項に具体化されている。

第2に，労働関係の当事者における実質的不平等の克服のために，労働契約における契約の自由・私的自治を集団的自治によっておきかえようとすること，少なくともそのための基礎的条件を形成することが，労働法の第2の，しかし主要な分野を構成する。これが**集団的労働法**または**労働団体法の原理**であり，その理念はわが国では憲法28条に具体化されている。労働法のこの分野は，労働契約の当事者として形式的には使用者と平等の立場にある労働者が，その売ろうとする労働力の商品としての特殊性のゆえに，個人としては実質的に使用者に従属し，これと対等の交渉を行うことができない点に着目し，労働者の団結を容認ないし積極的に保護・助長し，**集団的取引**を個別的取引に優先させることによって，労使の間の実質的平等を実現しようとするものである。

以下，この労働法の2つの分野についてくわしく述べることとしよう。

3 労働保護法

勤労権の保障 労働保護法は，前述のように，近代社会において特殊の立場におかれた労働者に対して，生存権を保障するために，労働契約における私的自治を，一定限度において排除ないし制限するものである。労働者に対して生存権を保障するための第1の手段としては，それが労働によって生活するものである点に着目し，これに労働する権利を保障することによって，その生活を保障しようとする。憲法27条1項は労働者に対し，直接に個別的・具体的な権利を保障したものではないが，労働者が自主的に完全就業しうるような体制を実現すべく努力すること，それが不可能の場合には，就業しえない労働者に対し，就業の機会を与え，あるいは生活を確保するための資金の給付をなすことが，国家の「政治上の責務」であることを，宣言したものである。

近代市民社会における基本原理たる自由競争の原理のもとでは，労働者の契約の自由は，しばしば使用者の契約しない自由によって，実質的には「飢える自由」に転化した。また売り惜しみに適しない商品としての労働力の特殊性のゆえに，労働者の就業を仲介し，労働者の犠牲において不当な利益を得ることが行われた。

労働の機会を得るための過程において生ずる，かかる弊害の克服は，この過程における私的自治・営業の自由を排除・制限するところにはじまり，国家がみずから労働者に就業の機会をあっせんし，ないし提供する方向に向かって発展する。勤労権保障の具体的手段は，私人が労働者の就業に介入して利益をあげることの

制限・禁止（中間搾取の排除――労働基準法6条，営利職業紹介の制限――職業安定法30条），無料職業紹介の制限（職業安定法33条）と公共職業安定所の設置（同8条以下），雇用保険制度（雇用保険法），職業訓練の実施（職業能力開発促進法）などである。

　その後，政府は，積極的に雇用安定確保のため職業指導・職業紹介の事業を充実し，職業転換・地域間移動の援助，中高年齢者等の再就職の促進などの措置（雇用対策法，高年齢者等の雇用の安定等に関する法律）や，障害者の雇用の促進のため事業主の雇用義務の設定を含む各種の措置を行っている（障害者の雇用の促進等に関する法律）。さらに，特定の不況業種・地域について離職者の再就職援助措置をとり（特定不況業種等関係労働者の雇用の安定に関する特別措置法〔平成13（2001）年に廃止〕，地域雇用開発等促進法），1980年代には，産業構造・労働市場の変化に対応し，雇用調整の円滑化，雇用形態の変化への対応を含め，雇用の開発と促進のための施策が展開されてきた（労働者派遣事業の適正な運営の確保及び派遣労働者の保護等に関する法律〔平成24（2012）年に題名改正〕の制定，上記の高年齢者雇用安定法，地域雇用開発促進法〔平成14（2002）年に題名改正〕，障害者雇用促進法などの関係法律の整備など）。

　さらに90年代になると経済の構造変化とグローバル化に対応するため，労働市場政策全体の雇用安定促進政策から労働移動促進政策への転換が進むことになる。

　1990年代後半に入って，経済不況が深刻化し雇用情勢が悪化すると，構造的失業と摩擦的失業に対処するため，営利職業紹介を禁止し公共職業安定所による職業紹介の独占を原則とした前述のような職業安定法の体制は大きく修正を迫られるようになった。

平成9（1997）年に有料職業紹介事業の許可対象業務が拡大され，ホワイトカラーについては原則自由化され，同時に労働者派遣業務についても大幅な追加が行われた。このような就業形態の多様化に対応して，労働者の保護を図り，個別の労働関係の安定に資することを目的として，平成19（2007）年に労働契約法が制定された。

労働基準の法定　労働者が就業の機会を得た場合にも，労働条件が不当に低ければ，生存権の内容である「健康で文化的な最低限度の生活」（憲法25条1項）は保障されない。また，使用者はいったん労働契約を結んでも，私的自治の一内容である解雇の自由によって，労働者の生存のための唯一の方法である労働の機会を，たやすく奪うことができる。したがって，労働者に対する生存権の保障は，労働契約における契約の締結・解消の自由および契約内容形成の自由に介入することによって，はじめて達せられる。

この意味での労働契約における私的自治の制限・排除は，まず第1に，労働契約の締結についてあらわれる。その具体的内容は，不当に長期にわたる労働契約の禁止（労働基準法14条），契約締結にあたっての労働条件の明示（同15条），一定年齢以下の労働者の労働契約の締結禁止（同56条），契約締結にあたっての未成年者の保護（同58条）などである。しかし，現行法制は基本的には使用者の採用の自由を，その経済活動の自由の根幹としてこれに立ち入ることにきわめて慎重である。政府は障害者について定められた雇用率を達成すべき義務を事業主に課し（障害者の雇用の促進等に関する法律），また，高年齢者についても再就職等の促進など安定

した雇用を確保するよう指導・助言を行い（高年齢者等の雇用の安定等に関する法律），昭和60（1985）年に制定，平成9（1997）年に改正された雇用機会均等法（雇用の分野における男女の均等な機会及び待遇の確保等に関する法律）も採用における性差別を禁止することになったが，一般に雇用契約の締結を強制することはない。判例も，企業はいかなる者を雇い入れるかについて法律その他による特別の制限がない限り原則として自由に決定することができ，特定の思想・信条を有する者をそのゆえをもって雇い入れることを拒んでも，当然に違法とすることはできないとして（三菱樹脂事件＝最高裁判所昭和48年12月12日大法廷判決），広く採用の自由を認めている。

　第2に，それは労働契約の内容の私的自治による形成の制限・排除の形をとる。これが，いわゆる**最低労働条件の法定**（憲法27条2項）として，労働保護法の中核をなすものである。ここでは法律で定めた労働条件の基準に達しない労働契約は，その部分については無効となり，無効となった部分は法律で定める基準によることとなり（労働基準法13条），その限りで当事者の私的自治による契約内容の形成を排除する。また，労働保護法の定める労働基準は，契約当事者の私的自治をその限りにおいて排除し，直接的に契約内容を形成するものであるから，労働契約に定めのない部分については，法の定める労働条件が，労使両当事者を規律することとなり，労働者は直接，法の規定にもとづいて，使用者に対して請求権を取得する。このような労働基準の法定は，労働時間，休憩，休日，年次有給休暇，安全衛生，年少者・女性の保護に及び（同32条以下），賃金については労働基準法に若干の規定があるほか（同24条以下），その最低額を法定するための手続

が，**最低賃金法**により規定されている。

　労働基準法により定められる最低労働条件のなかで，最も重要なもののひとつに労働時間の規制がある。労働基準法は制定当時の国際基準にしたがって1日8時間，週48時間を最長法定労働時間としていたが，1980年代に入ると高度成長経済の帰結として社会のあり方に関する反省が強まり，他の産業国に比べてわが国の労働時間がとくに長いことが問題とされるようになった。昭和62（1987）年の改正労働基準法はこの結果，週40時間制を定め，これを業種・規模別に段階的に実施することになり，平成9（1997）年まで10年を費やして，原則40時間制が実現した。同時に，1990年代における経済不況の深刻化と日本経済の国際化の進展に対応し，50年前に制定された労働基準法の相当部分が時代遅れとなり，これに対応するための抜本的改正が必要とされるようになった。平成10（1998）年の法改正は，このような趣旨から行われ，労働契約期間の上限の緩和，各種の弾力的労働時間制の拡大などが行われたが，製造業の工場労働の成年男性労働者を基幹とする在来型の労働生活をモデルとした法制度は，産業の情報化，労働力の女性化・高齢化，雇用の流動化のなかで今後さらなる再検討を迫られている。

　このような労働基準の法定の一内容としては，さらに**使用者の災害補償責任**があげられる（同75条以下）。使用者の災害補償責任は，契約責任か不法行為責任か，問題の存するところであるが，いずれにしろ，労働保護法は労働者の生存権保障のために，労働災害についての使用者の無過失責任を規定する（労働者の重過失の場合を除く──同78条）。ここでは他人の権利の侵害については，

故意・過失がある場合にのみ損害賠償をすれば足りる，とする近代市民法の過失責任主義の原則は根本的な変容を余儀なくされる。しかも，この使用者の労災補償責任を保険によって担保する労災保険制度が近年著しく拡大し，とくに年金制度の導入，通勤災害補償制度の採用，労働福祉事業の拡充などの結果，労災補償は社会保障体系の一環として捉えられることとなり，労災補償を使用者の責任として把握することの意味さえ問われるにいたっている。

　第3は，契約の解消についての私的自治の排除すなわち**解雇保護**である。継続的債権関係については，一般の契約と同様，相手方の債務不履行・履行不能，またはやむをえざる理由などにもとづく即時解除が認められるが（民法628条および541条・543条の類推適用），それ以外に予告期間を設けての解約告知が認められている（同617条・627条）。ところがこのような民法上の解除・解約の法理は，労働契約においては労働者の経済的地位を弱め，その実質的従属を強化し，不当にその就業の機会を奪うことになる。そこで労働保護法は，使用者の労働者に対する即時解雇には一定の事由を要求し（労働基準法20条1項但書），解約告知については解約期間を延長し（同20条），また一定の場合には解雇を禁止する（同19条）。解雇は，客観的合理性を欠き，社会通念上相当であると認められない場合は，解雇権濫用として無効となる（労働契約法16条）。

　最後に，労働保護法は，以上のごとく，労働者の生存権保障のため，労働契約について一定の範囲で私的自治を排除・制限しているが，さらにこれによって保障される労働者の諸権利の実現を，より容易ならしめるため，またはこれを拡大し，その生存権保障

の内容を充実するために、**保険制度**を活用する。これらの保険制度は労働者の生存権確保のため、労使の私的意思にかかわりなく、一定の範囲で強制的に適用される（労働者災害補償保険法、健康保険法、雇用保険法、厚生年金保険法等）。労働保護法のこの領域は、労働者に限らず国民一般に生存権を保障するための社会保障法の領域に近似し、場合によってはこれに移行する傾向を有する（たとえば、労働者災害補償保険法における障害補償年金制の導入）。

雇用平等 労働基準法は、国籍、信条、社会的身分による差別扱いを禁止し（労働基準法3条）、また男女同一賃金の原則を定めている（同4条）。賃金以外の男女差別が同法で禁止されていないところから、判例は解雇などにおける男女差別を憲法14条にもとづく公序良俗違反として、違法・無効としてきた。前述の雇用機会均等法は、募集・採用・配置・昇進・教育訓練・福利厚生・定年・退職・解雇における差別を明文をもって禁止した。

4 労働団体法

団結権の保障 労働団体法は前述のように、労働者の使用者に対する実質的従属に着目し、労働者の集団的取引によって、労使の実質的対等を実現するために、労働者の団結を容認し、または積極的にこれを保護・助長し、事実上または法律上、集団的取引の個別的取引に対する優位を確立しようとするものにほかならない。この場合、労働者の団結に対する法律上の障害を克服することが、労働団体法の第1の課題である。近代市民法における個人の結合の自由は、抽象的にはすでにその結社の

自由の法理において認められており，労働者が団結をすることについて，ほんらい何らの障害もないはずであるが，事実は必ずしもそうではなかった。労働者が集団的取引のために団結することは，不法な目的のための結合として，市民法の結社の自由の外におかれ，民事上・刑事上不法な共謀としてとらえられ，不法行為または犯罪としてとらえられた。したがって，このような労働者の団結に対し，その目的が合法なことを明らかにし，労働者の団結に対しても，市民法上の結社の自由を保障することが，団結権の主要な内容であった。ここでは，労働者の団結の自由に対する国家権力の介入を排除することが，団結権の確立として観念されるのである。

しかしながら，社会法の原理にもとづく団結権の保障は，より積極的に団結に対する国家権力の介入を禁止するだけでなく，私人による団結への介入をも禁止する。第1に，憲法28条が同法21条の結社の自由とは別個に，労働者の団結権を認めたのはこの意味であって，ここでは労働者の団結に対する私人の行為は，権利侵害として違法なものとされる。団結に対する攻撃を内容とするいっさいの法律行為は，無効とされ（たとえば，組合加入を理由とする解雇），いっさいの事実行為は，不法行為として損害賠償の対象となる（たとえば，組合活動に対する攻撃的言動）。また第2に，国家は団結権の憲法上の保障の結果，労働者の団結を保護・助長するため，立法上・行政上積極的配慮を払う政治的責務を負い，これにもとづいて，とくに労働者の団結に対する使用者の干渉を抑圧し，団結を保護・助長するための制度が必要とされる（労働組合法7条を中心とした**不当労働行為制度**）。第3に，かかる団

結の維持・形成を内容とする積極的な団結権は，場合により団結しない自由（いわゆる消極的団結の自由）を否定する。労働組合の**組織強制**（団結強制）が，一定の限度で認められるのは，この意味であって，労働者の生存権保障のための具体的手段として，団結による集団的取引の個別的取引に対する優位を志向する労働団体法の原理は，私人，とくに使用者の言論の自由や契約の自由を含むいっさいの行動の自由を，一定限度で制約するのみならず，労働者個人の市民的自由をも制約するのである。

労働者団体の組合員に対する統制権の根拠もまた，ここに求められるのであるが，同時にこのことは団結権の限界をも画するものである。すなわち，団結権保障の目的は，すでにくりかえし述べたように，労働者の使用者に対する事実上の従属を克服し，個別的取引を集団的取引によっておきかえ，労使対等を実現しようとするところにあるから，団結権の内容，したがって組織強制や労働組合の統制権も，この目的によって限界づけられている。組織強制や統制権がこの範囲をこえて，一般的な政治的目的に向かって行使されるときには，ふたたび労働者個人の思想・信条の自由（その他の市民的自由）の不可侵性が優位を回復する（たとえば，特定政党支持を内容とする労働組合の決議は，組合員を拘束しない）。さらに広く団結権の行使もまた，この範囲を逸脱するときは，それは市民法の自由の枠内においてとらえられるにすぎず，団結権は固有の法律上・行政上の保護をうけることはない（たとえば，もっぱら政治的目的を有する労働者の団体——労働組合法2条4号参照）。

なお以上の意味における団結権は，使用者との関係において，集団的取引によって労働者の経済的地位の維持改善をはかろうと

する，労働者の自主的団体を形成・維持・発展せしめることを内容とするものであり，労働者団体がいかなる組織形態を有し，いかなる内部機構を有するか，またいわんやその規模の大小，組織範囲のいかんを問わない。労働団体法は，かかる労働者の団体に一定の利益を与え，これを一定の手続に参加せしめることの前提として，労働組合に対し，一定の要件を定めることがあるが（同2条・5条），このことは労働団体法の内容として，必然的なものではないのみか，場合により要件に合致しない労働組合の団結権を侵害することとなり，好ましくない。

団体交渉権の保障 労働団体法の第2の内容は，以上のようにして，容認ないし保護される労働者の団体に対して，使用者との間で集団的取引，すなわち団体交渉を行う権利を保障することにある。団体交渉権保障の法律効果は，団結権保障のそれと同じく，国家がこれを侵害しえないだけでなく，私人による侵害に対しても守られている。とくに労働組合法7条2号は，使用者の団体交渉拒否を不当労働行為として禁止している。

団体交渉権の保障は，個別的取引に対する集団的取引の優位を確立することにより，労使が対等の立場で交渉しうることを保障しようとするものであるから，使用者は団体交渉に応ずる義務を負うが，必ずしも労働者団体の要求を容れることを，義務づけられるわけではない。また，団体交渉権の保障は，労働者の使用者との関係における事実上の従属という事実に着目し，労使関係における集団的取引を通じ，労使対等を実現し，これによって労働者の生存権を確保しようとするものである。したがって，団体交

渉権の範囲は，使用者との関係における集団的取引に限定されるべきものであって，労使関係の場を逸脱した事項を対象とする団体交渉まで，保護されるものではない。

しかしながら他面，団体交渉の対象は，狭い意味での労働条件に限られるべきものではなく，労使の間で処理しうる事項で，労働者の健康で文化的な生活を実現するために関連ある事項は，すべて団体交渉の対象となる。

団体交渉は集団的取引であり，団体によって労働力の集団的売り惜しみを行い，使用者側に経済的圧力をかけるとともに，団結の力によってこの間の労働者の生活を維持しつつ，交渉力を強化し，対等の取引を行うことを主眼とするから，当然争議行為を行うことを前提とし，団体交渉権の保障は争議権の保障を必然的にともなうものである。しかし，それは団結による取引力の強化を主眼とするものであって，団体交渉そのものが，使用者に対し，現実に多数の人間の威力を示すことによって，行われるものではないことに注意すべきである。

最後に集団的取引の結果，使用者と労働者団体との間に協定（**労働協約**）が結ばれ，一定期間，労使はこれを順守し，これに従って労使関係が展開されることになる。この場合，労働団体法は個別的取引に対する集団的取引の優位を確立することをめざすものであるから，かかる協定は個別契約に優先して，労使関係を規律することとなる。この場合，労働協約の個別契約に対する優位は，必ずしも当然に，法律上協約に対して，個別契約を規律する法規としての効力を与えるものではないが，大陸法系の国々においては，かかる効力を認めるのが通常である。

この場合，労働協約の個別的労働関係に関する部分には，これに反する個別契約の当該部分を無効ならしめ（強行性），個別契約に定めのない事項については，協定の定めるところによって，個別的労働関係が規律される（直律性——以上を合して直律強行性または規範的効力）。ここでは労働協約の個別的労働関係に関する部分には，労働保護法の規定と同じく，労働者個人と使用者の契約の自由を排除・制限する効力が認められ，集団的取引の個別的取引に対する優位は，これによって法律的にも確固たる基礎を与えられる（労働組合法16条）。

他面，労働協約に法律上の効力を認める法制のもとでは，協約は労働者団体と使用者との間の協定として，相互間に権利・義務を発生せしめる（労働協約の債務的効力）。その主たる内容は，協約の有効期間中，その内容を変更するための争議を行わない義務（平和義務），労働協約の個別的労働関係に関する部分を順守し，これにもとづいて個別的労使関係を展開すべき義務（実行義務），その他労働協約の，労働者団体と使用者間の関係を規律する各条項（平和条項・組織条項・協議条項など）にもとづく義務である。

労働協約の効力は元来，協約締結組合の組合員にのみ及ぶのが原則であるが，労働協約に法的効力を認める法制のもとでは，その個別的労働関係に関する部分の効力を，一定範囲の労働者に拡張する制度が認められている（一般的拘束力制度——同17条・18条）。元来，労働者の団結は，それに参加する組合員の利益を守るために，集団的取引を行うものであるが，団結体の外に，低い労働条件を甘受する労働者が存在したのでは，集団的取引による労働条件の維持・改善が困難であるところから，集団的取引の機

能を維持するため，その効力を一定範囲について拡張するのが，この制度である。

争議権の保障 　労働者の団結を認め，これが団体交渉を行うことを認める集団的労働法は，集団的取引にあたって，労働者の団体がその主張貫徹のため，争議行為を行うことを認めることを当然の内容とする。労働者の争議行為，とくに同盟罷業（ストライキ）は，労働力の集団的売止めであるが，市民法上このような集団的行為は，労働契約の解約期間を守った解約告知のうえ行われ，したがって労働契約の違反がなくても，不法共謀として民事・刑事の責任を追及された。したがって，争議権の保障は，まず第1に，このような不法共謀の法理からの解放であったが，より積極的には，かかる集団的な労働力の売止めについては，市民法上は民事上・刑事上違法な行為があっても，その責任を問わないとする，いわゆる**民事・刑事の免責**を内容とする（労働組合法1条2項・8条）。かかる労働組合に対する民事・刑事の免責は，争議行為についてだけではなく，労働組合の団体行動一般について適用されるものであるが，とくに争議行為は市民法上の違法行為をともなうために，重要な意味をもつ。すなわち，刑事上の免責の結果，争議行為・団体交渉にともなう業務妨害・強制・住居侵入・不退去などの行為は，刑法上の構成要件にあたっても，労働組合の正当な行為と考えられる限りにおいて，刑事上責任を問われない。

　つぎに，争議行為の結果，使用者その他の第三者が損害をうけても，労働者およびその団体は，それが正当な行為にもとづくものである限り，損害賠償の請求をうけることがないのみならず，

民事上いっさいの責任を問われない。したがって，争議行為を理由に，使用者は労働者の責任を問うために，解雇その他の不利益処分を行うことも許されない。

この場合，何が労働組合の「正当な行為」とされるかは，きわめて困難な問題であり，労働組合法1条2項但書は，暴力の行使が正当な行為でないことを明らかにしているが，正当性の範囲は，結局において，具体的事例に即して確立されるべきものであろう。ただし，その具体的判断においては，集団的取引による労使対等の実現という団結権保障の理念にもとづいて，長期的・定型的にみて，この理念に合し，したがって社会的に相当か否かということが考慮されるべきであろう。

ところで，上述のような争議権の保障が，労働団体法の第3の主要な内容であるが，争議行為は集団的取引のための手段であって，それ自体が目的でない。したがって，争議権の保障の範囲もまた，団体交渉権の保障の範囲内において行われるにすぎない。したがって，争議の目的は，団体交渉の対象たりうることに限定されるべく，それ以外の目的の争議行為は市民法上の法原則に従って評価されるものである。

つぎに，争議行為は必然的に使用者に対し経済的損害を与えるものであるが，同時にそれは労働者側においても，賃金の喪失その他の犠牲をともなうものである。したがって，労働者の生存権維持という集団的労働法の立場からも，無用の争議の発生と，争議の無用の長期化を避けることが望ましいことである。そこで労働争議が発生し，またはそのおそれのある場合に，紛争を第三者の調整にゆだね，これによって争議を解決するための手続もまた

労働団体法の内容となる。

労働争議の調整と争議行為の規制　これは元来，労使両当事者が自主的に紛争を解決することを原則とする集団的労働法の原理に対し，いわば例外的なものであり，自主的解決を補うものであるから，両当事者の意思の合致によって，はじめて調整手続が開始されることを原則とする（任意調整——労働関係調整法18条1号2号・30条）。しかしながら，場合により争議行為の長期化によって，国民経済または国民生活をいちじるしく阻害する場合には，当事者の意思にかかわりなく，調整手続が開始されることが認められる（同18条3号以下・35条の3第3項，行政執行法人の労働関係に関する法律27条3号以下・33条3号以下）。

労働者に対する争議権の保障は，労働者の生存権の保障の一手段であり，その行使は国民一般の生存を危殆におとしいれない範囲でのみ認められるにすぎない。この意味で，ある種の労働者グループの争議権が，国民一般の生存権を侵害する限りにおいて，制限・禁止されることは当然といえよう。そこで，労働関係調整法は，安全保持施設の運行を停廃したり，妨げる争議行為を禁止し（労働関係調整法36条），公益事業について10日前の予告義務（同37条）と緊急調整の制度（同35条の2～35条の4・38条）を定める。また，公務員と行政執行法人，地方公営企業の労働者については全面的にいっさいの争議行為が禁止されている（国家公務員法98条，地方公務員法37条，行政執行法人の労働関係に関する法律17条，地方公営企業等の労働関係に関する法律11条）。このような公共部門における争議行為の全面的一律禁止は，公共の福祉にもと

づく基本権の制限としては広きに失するとの批判が強く，労働組合はこれを憲法違反と主張し，戦後一貫して法の禁止する争議行為が行われ，政治上，裁判上の争点となってきた。最高裁判所の判例も，一時，制限的合憲論の立場をとるなどの動揺もあり，政府も何度か立法上の検討を行ってきたが，判例は合憲論に落ち着き，昭和61（1986）年，62（1987）年の間に専売公社・電電公社と国鉄の民営移管が行われ，実質的にほぼ問題の解決をみたといえよう。ただし，いずれにせよ公共部門の労働者については，争議行為による集団的取引を通じての生存権の保障が認められないところから，その生存権の保障は何らかの形で実現されなければならず，たとえば公平な調停・仲裁機関などの設置により労働条件の維持・改善がはかられねばならない。現行の中央労働委員会，人事院などによる保障措置は，運用のいかんにより問題がないわけではないが，いちおうこの要請をみたすものといえよう。

【参考文献】

石井照久・萩沢清彦増補『労働法総論』（増補版）有斐閣，1979.
有泉亨『労働基準法』有斐閣，1964.
花見忠『労働基本権』中央公論社，1969.
石川吉右衛門『労働組合法』有斐閣，1978.
東京大学労働法研究会『注釈労働組合法（上・下）』有斐閣，1980・1982.
日本労働法学会編『現代労働法講座』（全15巻）総合労働研究所，1980〜84.
菅野和夫『労働法』（第11版補正版）弘文堂，2017.

§7 国際社会と法

1 国際法の必要性

すでにみたように，国内社会は，憲法以下いろいろな法によって，かなりの程度にまで，整然と秩序づけられている。しかし，世界は，けっして，たったひとつの国から成っているわけではない。しかも，経済が発達し交通手段が進歩した現在では，国家が完全な「鎖国政策」をとることは不可能に近い，といわなくてはならない。とすれば，人・物・資本の，国境をこえた交流を相互に保証するためにも，国家と国家とのつきあいに，何らかのルールが必要なことも，おのずから明らかであろう。

ところが，そのようなルールとしては，すでに学んだ国内法だけでは十分でない。なぜなら，第1に，国内法の内容は国によってまちまちであり，その違いを国内法そのものによって統一することはできない。第2に，かりに各国の国内法の内容が偶然に一致したとしても，一国だけの意思でいつでも自由に変えられる国内法では，国家間の関係を規律するルールとして，あまりにも不安定だからである。したがって，国際社会のルールは，国内法とはまったく異なった，国際社会に固有のものでなくてはならない。それこそが，**国際法**といわれるものである。

2 基本的な権利義務

国際法の主体　以上の説明からも想像がつくように，国際法の主体——権利を有し義務を負う能力のあるもの——は，国家である。ただし，最近では，国際連合のような国際機関も，ある程度まで法主体性をもちうることとなったし，また，さらに限られた範囲内においてではあるが，個人にも国際法主体性が与えられる場合もないではない。したがって，国際法は，文字どおり読めば——「際」という字は「間」という意味——**国家間の法**であり，生成期における国際法は，まさにそのとおりであったが，現在では，「国家と国際機関」，「国際機関と国際機関」，さらには，「国家と個人」あるいは「国際機関と個人」との間の関係をも規律するようになりつつある。その意味で，もはや，「国際法の主体というのは，すなわち国家のことである」ということはできない。しかし，今日なお，国家が，量的にも質的にも，国際法上の原則的な主体であることは疑いない。したがって，ここでも，とくに必要がない限り，「国家の」権利義務を中心に考察することとする。

なお，2つ以上の国の国民（自然人・法人）相互間の私的な関係（国際結婚や技術提携など）は，国際条約に盛りこまれないかぎり，各国の民法・商法ならびに国際私法——「国際」という字はついているが，実体は国内法である——によって規律される。

国家の承認　ところで，国際法の原則的主体である「国家」は，領土・国民・政府（外交能力）という3つの条件をそなえていなければならない。したがって，新しく生まれた政

治集団が，国家として国際法上の権利義務をもつためには，まず，上の3条件をみたすことが必要である。

それでは，これら3条件がみたされたかどうかは，いったいだれが判定するのであろうか？　残念なことに，現在までの国際社会には，その点について客観的な判定を下すべき公の機関が存在しない。そこで，苦肉の策として考えだされたのが，いわゆる**国家の承認**という制度である。この「承認」の法的意義については，2つの見解が対立している。

そのひとつは，**創設的効果説**で，「新たに国際社会の一員となろうとする政治集団は，領土・国民・政府という3条件がそなわっていることを，既存の国々によって承認されて，はじめて『国家』となりうる」と主張する。この説のもとでは，既存国家に大きな自由裁量が与えられているため，ほんらい法的・客観的に運用されるべき承認制度が，政治的かけひきに利用されやすい。しかも，新しい政治集団は，それを承認した国との間においてのみ国家としての地位を得るにすぎないため，すべての既存国家によって承認されないかぎり，この政治集団は「国家であると同時に国家でないことになりうる」という理論的な問題も内包している。

もうひとつの見解は，**宣言的効果説**で，「新しい政治集団は，領土・国民・政府という3条件がととのったとみずからが認めた時点で当然に『国家』となるのであり，既存国家による承認は宣言的効果をもつ（すなわち，確認行為）にすぎない」と主張する。この説をとれば，上記の創設的効果説のもつ難点は除去されるが，そのかわり，承認が完全に「お手盛り」になるため，「客観性に欠ける」という，別の大きな問題をかかえることになる。

このように，これら2つの見解は，理論的には一長一短であり，優劣をつけがたい。しかし，現実的には，欧米の先進諸国の力が圧倒的であった時代には創設的効果説が支配的であったが，新興独立国が全世界の国家の3分の2以上を占める今日では，宣言的効果説の方がむしろ有力となりつつある。

なお，最近では，「国家の承認」を国際連合のような国際機関に一任しようという声も聞かれないではないが，まだ実現するにはいたっていない。

主権の概念と本質　「主権」ということばは，ほんらい，近代国家の成立過程において，君主の権力が宗教的支配ならびに封建領主の勢力の上に立つことを正当化しようとして案出されたもので，「すべてのものを支配し，いかなるものにも支配されない，絶対的な最高の意思ないし権力」といった意味をもっている。

国内社会では，いまでも，主権が「絶対的な最高権力」であることに変わりはないが，国際社会における主権は，必ずしも「絶対的な最高権力」とはいいきれない。

第1に，個々の国家の意思ないし権力が国際社会で最高だとすれば，それらの国家を規律する国際法などというものは，そもそも成り立つ余地がない。第2に，たんに論理的に考えても，国際社会では，国の数と同じ数だけの主権が併存しているわけであり，したがって，「すべての主権が等しい価値をもつ」と考えるかぎり，それら「すべての国家主権が同時に最高である」ということはありえないからである。すなわち，国際社会においては，主権者（＝国家）といえども，他の主権者（＝国家）を支配することは

許されない。そこから，いわゆる**内政不干渉の義務**が生じてくる。そして，その裏返しとして，国家は，条約でとくに同意しないかぎり，他国の支配に服させられることもない。各国は，それぞれ好きなように自国を統治することができる。これが，ふつう**独立権**と呼ばれているものである。

さらに，すべての国が，ひとしく，独立権を有し不干渉の義務を負うことから，国家の**平等権**という概念が生まれる。もちろん，それは，あらゆる国が，面積・人口その他の・事・実・に・お・い・てすべて平等であることを保証するものではない。むしろ，国際会議においては，原則として，大国も小国も同等の発言権・投票権を有し（**一国一票の原則**），小国の大使も大国の大使と同じ待遇を与えられるというような意味で，国家はすべて平等であるとされるにすぎない。もっとも，最近では，いわゆる一国一票の原則にも例外があらわれつつある。たとえば，国際通貨基金（IMF）では，全加盟国に750票の基本票が一律に与えられるだけでなく，出資額に応じて（10万SDR〈特別引出権＝米ドルより少し高い〉に1票の割合）各国に追加投票権が与えられる。その結果，出資額が最も大きく総額の17％を占めるアメリカに最多の票数が割り当てられている（日本は出資割合6％で2位，13万3378票）。これは，一見，平等権に反するようであるが，「どんな小国でも，金さえ払いこめば，アメリカと同じ数（あるいはそれ以上）の投票権をも・う・る・」という点がみのがされてはならない。すなわち，一般に「平等権」といわれているのは，けっして，事実における平等でもなければ，個々の具体的な権利における平等でもなく，権利能力における国家の平等性をうたったものなのである。その意味におい

て，国連の安全保障理事会における**常任理事国**の制度——国連憲章を改正しないかぎり，アメリカ・イギリス・フランス・ロシア・中華人民共和国の5大国以外の国は，たとえアメリカより強大になっても，常任理事国にはなれない——は，主権平等の原則に反しているといわなくてはならない。

ようするに，国際社会における**主権**は，ほんらいの絶対的最高性を失い，内政については**独立権**として，外交に関しては**平等権**としてあらわれる，ということができる。

領土主権　こうして，国家は，条約および国際慣習法に反しないかぎり，主権＝独立権にもとづいて，自国領土内にあるすべてのものを自由に統治することができる。自国民を支配することはもとより，外国人の入国を禁止・制限することもできるし，入国を認められた外国人に対しても支配権を及ぼしてかまわない。また，領土の一部を他国に割譲したり，貸与したりすることも自由である。このように，**領土**という空間を基準として適用範囲を割りだした場合の主権を**領土主権**という。この領土主権は，たんに，領土の地表だけでなく，地下および上空（**領空**）にも及ぶ。

もっとも，人間が空を飛べるようになるまでは，領空という概念はほとんど意味をもたず，また，人工衛星が出現するまでは，領空には上限がないと考えられていた。しかし，現在では，一定の高さ以上の空間は**宇宙空間**または**大気圏外**と呼ばれ，そこにはいかなる国の主権も及ばないとされている。ただし，領空と宇宙空間との境界にあたる「一定の高さ」については，一般的に「地上3万メートルぐらい」といわれているだけで，学説も国家慣行

また、海に面している国の場合は、沿岸から一定の範囲の海（**領海**）——かつては3カイリ説が有力であったが、現在では日本を含む大多数の国が領海を12カイリと定めている。ただし、日本は、宗谷海峡・津軽海峡・対馬海峡東水道・対馬海峡西水道および大隅海峡においては、3カイリを維持している——ならびにその上空・海底および地下に対しても、ほぼ完全に領土主権を及ぼすことができる。

伝統的な国際法においては、地球の表面の70.8％を占めるといわれる海洋のうち、各国の領海を除いた残りの部分は、いかなる国の領土主権も及ばない**公海**とされてきた（公海の上空・海底・地下も同じ）。それが、**公海の自由**という原則である。したがって、条約によって特別な義務を負わないかぎり、すべての国は、公海において、自由に航行し、漁業を営み、あるいは海底ケーブルを敷設することが許されていた（これを**公海の使用の自由**という。ただし、核実験をする自由があるかどうかについては議論が分かれている）。

しかし、他方で、これらの「自由」には、いろいろな制約がついている。

まず、国家は、自国の領海内（領海の外に**接続水域**を設けている国の場合は、その接続水域内）で法令に違反した外国船を拿捕する権利を有することは当然であるが、その船が領海（または接続水域）のなかにいる時から追跡を開始すれば、たとえその船が公海に逃げだしても、追いかけて拿捕できる（ただし、その船を追跡の途中で見失ったり、その船が追跡船の本国以外の領海に入ったりした場合は、その時点で追跡権は消滅する）。この**継続追跡権**は、沿岸国の

主権が「線」の形で公海にも及ぶケースである。

ところが，近年では，沿岸国の権利が「面」の形で公海にまで拡大される傾向が強い。

たとえば，1982年に採択された国連海洋法条約（1994年発効）は，海底の地形のいかんにかかわらず，沿岸から200カイリまでは**大陸棚**があるものとみなして，そこには，沿岸国の主権的権利が当然に及ぶと定め，さらに，一定の条件をみたす場合には，200カイリ以遠の海底にも同様の権利が及びうると認めている。

また，領海3カイリが主流を占めていたころ，沿岸から12カイリまでは沿岸国の管轄権を認めるべきだと主張された漁業専管水域は，同条約により，**排他的経済水域**として，沿岸から200カイリまで沿岸国の主権的権利が及ぶことになった。

以上は，いずれも，伝統的な「公海の自由」に対する制約にほかならない。

また，それら「大陸棚」や「排他的経済水域」の外の公海においても，「クジラを捕ってはならない」とか「放射性物質を捨ててはならない」とかいったことが，「資源保護」ないし「環境保全」の観点から，条約で定められつつある。

そのうえ，上記の国連海洋法条約は，「機構（Authority）」や「事業体（Enterprise）」という国際機関を設けて，水深何千メートルといった「深海底」にある多金属塊（マンガンの含有量が最も多いので「マンガン団塊」ともいわれる）の採取・開発についても，一定のルールを定めている。

したがって，これらは伝統的な「公海の使用の自由」に対する大きな制約といわなくてはなるまい。

対人主権 　ところで，国際法上の原則的な法主体が国家であることの論理必然的な結果として，国際社会の構成単位も，個人ではなく国家であるといわなくてはならない。したがって，国際法的には，国内法上のいわゆる国有財産だけでなく，国民の生命・身体・財産のすべてが，いちおうその本国のも・の・としてとらえられる。

　そうとすれば，自国領土の外にいる自国民やその財産についても，国家が無関心でありえないことは，容易にうなずけるであろう。そこで，さきに述べた領土主権という概念とは別に，「国有財産に対してはもちろん，自国民・自国民財産に対しても，それがどこにあろうと，本国の主権が及ぶ」という考え方が生じてくる。このように適用範囲を人的側面からとらえた国家主権が，いわゆる**対人主権**である。この対人主権にもとづいて，領土主権のもとではとらえることのできなかった，公海や他国にいる自国民に対しても，国家は主権を及ぼすことができる。もっとも，公海はいわば主権の真空地帯であるから，そこにいる個人に対して――公海そのものに対してではない――その本国が主権を及ぼしても問題はないが，自国民が他国領土内にいる場合には，その滞在国の領土主権と本国の対人主権とが，真っ向から抵触することとなる。そこで，その点を調整するため，国際法は，まず領土主権にいちおうの優越性を与え，特別の場合に限って対人主権が発動されることを許している。すなわち，外国人は，原則として，滞在国の法令に全面的に服さなくてはならない（領土主権の優先的適用）が，外国人であるがゆえに，十分な保護を与えられなかったり不当な取扱いをうけた場合には，その外国人の本国が，滞

在国に対して，原状回復・損害賠償などの請求をすることができる。これが，いわゆる**外交保護権**である。したがって，裏返していえば，外国人の入国を認めた以上，国家はその外国人に対して，相当の保護を与える義務を負うこととなるわけである。

3 具体的な権利義務

上述のような基本的権利義務の上に，実際には，国際慣習法および条約によって，個々の具体的な権利義務関係がさらに積みあげられる。

国際慣習法にもとづく権利義務　国際慣習法は，国際社会においてくりかえし行われてきた慣行が，一般に「法」として意識されるまでにいたったものであるが，このような国際慣習法にもとづいて形成されてきた権利としては，外交官の特権・免除や領海の無害通航権などが，義務としては，内政不干渉の義務などがあげられる。ただし，これらについても，現在では多くの条約が締結されている。

条約にもとづく権利義務　条約は，2つ以上の国際法主体の間における意思の合致（約束）で，これによっても，個々の権利義務が発生したり消滅したりする。たとえば，領土の割譲・集団安全保障など，いずれも国際慣習法上の権利義務ではないものが，条約を結ぶことによって，その当事国の間では，法的拘束力をもった権利となり義務となる。

なお，条約の締結手続については，国際法的に確立した方式がなく（1969年に「条約法に関するウィーン条約」が採択されたが，当事国は114である），各国の憲法などの規定にゆだねられている。条

約は，全権委任状をもった各国代表による交渉→条約案の起草→署名→国会による承認→批准→批准書の交換または寄託，といった一連の手続をふんで発効するのがふつうであるが，国によっては，国会の承認を必要としないこともあろうし，また，批准書に天皇の認証を必要とするわが国のように，いっそう複雑な規定がおかれる場合も少なくない。

4 権利義務の秩序の攪乱（不法行為）

ところで，上述のような権利がつねに享有され，義務がつねに履行されるならば問題はないが，実際には，権利濫用・義務違反がしばしば生じることは，国内社会と少しも異ならない。他国の領空を侵犯したり，公海で他国の船舶を拿捕したり，特定の外国の国民だけを差別待遇したりするのは，いずれも国際法上の不法行為であり，加害国は被害国に対して責任を負わなくてはならない。

国家責任の成立 ただし，そのような国家責任は，国家機関の作為・不作為によって外国（外国人を含む）の法益が侵害されたときに限って生じる。したがって，A国の私人αがB国人βを詐欺にかけたからといって，B国に対するA国の国際責任がただちに発生するわけではない。A国の司法当局が故意・過失により犯人αを逮捕・処罰しなかったか，あるいは，αに対する損害賠償請求の訴えをβからうけたA国の裁判所が，βが外国人であるという理由で，門前払いにしたり，裁判を引きのばしたり，不当な判決を下したりした場合――これらを包括して**裁判の拒否**という――に，はじめて，A国は国際責任を問われ

ることとなる。

国家責任の解除　上のようにして生じた国家責任は，加害国が被害国に対して，陳謝・原状回復・損害賠償のうちのひとつまたは2つ以上を行うことによって解除される。

5　権利義務秩序の回復

こうして，不法行為によって攪乱された権利義務秩序が，加害国の自発的な陳謝・原状回復・損害賠償支払によって，円滑にほんらいの姿をとりもどせば問題はないが，現実には，国家責任の存否や損害賠償の金額をめぐって，当事国間に争いの生じることがめずらしくない。したがって，そのような場合には，どちらの主張が正しいかを，何らかの方法で決することが必要となってくる。

平和的手段による回復　そのさい，第1にとられるべき方法は，何といっても，当事国間の直接の外交交渉である。しかし，これで問題が解決しないときには，さらに第三者の介入をまって，つぎのようないくつかの平和的手段による解決がはかられる。

周旋（斡旋）——第三者が，交渉のための会場や通信施設などを提供する。

仲介——第三者が，交渉の場を提供するだけでなく，紛争の内容にも関与して，譲歩を促したり，解決策を提案したりする。

調停——第三者が，紛争の実体を審査のうえ，解決条件を決定し，その受諾を当事国に勧告する。国連の総会や安全保障理事会による紛争の審議も，この調停にあたる。

仲裁裁判——紛争当事国によってそのつど選任される裁判官が、「国際法」または「衡平もしくは善」にもとづいて問題の解決にあたるもので、その判決は当事国を拘束する。

司法裁判——国際機関によってあらかじめ選任されている裁判官が、主として「国際法」にもとづいて、拘束力のある判決を下す。オランダのハーグにある**国際司法裁判所**は、現在、こうした任務をになう機関のなかで最も代表的なものである。

上にあげたも・ろ・も・ろ・の手段は、だいたいにおいて、低次のものから高次のものへと並べられているが、紛争の解決にあたって、必ずしも、上に示された順序に従ってこれらの手段のす・べ・て・をつくす必要がないことはいうまでもない。外交交渉だけは、他のすべての手段に先行するのがふつうであるが、そのあとは、両当事国が合意すれば、いきなり司法裁判に訴えても、少しもさしつかえない。

強力的手段による回復　しかし、調停案がうけいれられなかったり、裁判官の選任について意見の一致が得られなかったり、あるいは、判決が履行されなかったりした場合には、さらに、強力によってでも、権利義務秩序の回復が試みられなくてはならない。ところが、組織化がおくれていて、中央政府というものがまだ存在するにいたっていない国際社会では、国内法にみられるような、公の機関による強制執行（民事の場合）とか刑の執行（刑事の場合）とかいった制度はとうてい望むことができない（ただし、1998年には常設の国際刑事裁判所を設置するローマ規程が採択された。2002年に発効）。そこで、被害国としては、**自力救済**に訴えざるをえないこととなる。

狭義の自力救済　まず、自国の力のみで権利の回復をはかる手段としては、復仇と戦争とがあげられる。

復仇は、加害国に対して外交交渉その他の平和的手段をつくしても救済が得られない場合に、救済の実現をはかるために、「戦争にいたらない程度の強力」を行使して、被害法益と均衡を失しない範囲内で、加害国の権利を侵害する被害国の行為である。具体的な例をあげれば、多数のA国人がB国の官憲によって殺されたのに、B国が、犯人を処罰せず、A国に対して陳謝も損害賠償もしない場合には、A国は、たとえば、自国領内にあるB国船を押収することができる。もとより、その押収は、ほんらいならば、それ自体、不法行為となるはずであるが、復仇として行われた場合には、その違法性が阻却されるわけである。

こうして、復仇を試みても、なお、救済が得られなければ、被害国としては、最後の切り札である**戦争**に訴えざるをえない。ひとたび戦争となれば、少なくとも伝統的な一般国際法上は、その開始の条件や手続についても、行使される武力の限度についても、何ら制約がない。したがって、B国においてA国の宣教師がひとり殺され、しかも、それについてA国の満足がいくような救済をB国がA国に与えなかった場合には、A国がB国に戦争をしかけ、もし勝利を収めることができれば、平和条約においてB国の領土の何分の一かをA国に割譲させたり、B国領土内の鉄道敷設権をA国に与えさせたりすることも、法的には許されてきた。

広義の自力救済　ところで、これら復仇や戦争は、被害国が強国であり、しかも、加害国が弱国である場合には、かなり有効な方法となりうるであろうが、逆の場合には、

救済を強制する手段としては、ほとんど意味をなさない。そこで、弱国としては、別の大国の力を借りなければならない。そこに、いわゆる**同盟**が形成される。しかし、この同盟も、けっして、権利回復のための十分な手段とはいえない。なぜなら、被害国が第三国と同盟を結べば、加害国も同様に他の国と結びつくであろうし、こうして、同盟は同盟をよび、結局、それらの力は互いに相殺(そう さい)されてしまうからである。

　そこで、この同盟にかわる制度として案出されたのが、いわゆる**集団安全保障機構**にほかならない。この集団安全保障機構は、「その構成国のうちの一国が不法行為を犯した場合に、他の構成国が共同してその制裁にあたる」という対内的機能を主たる目的としたものである。したがって、それは、少なくとも3ヵ国以上の参加がなければ成立しないかわりに、世界のすべての国々を包含する可能性をもっている。それに反して、同盟においては、「構成国相互間の制裁」というものはまったく考える余地がないから、同盟は、2ヵ国だけの間でも成立しうるが、そのかわり、つねに、「仮想敵国との対立」という対外的機能を目的としているため、全世界に少なくとも1ヵ国は仮想敵国（すなわち、非同盟国）が存在しなくてはならない。いいかえれば、異星人を相手として戦うのでもない限り、地球上のすべての国をメンバーとする「世界同盟」などというものは、そもそも論理的に成り立ちえないのである。

　今日の国際社会で、最も大規模で有力な集団安全保障機構が、193ヵ国（2014年1月現在）の加盟国を擁する国際連合であることはいうまでもない。したがって、権利義務に関する国家間の紛争

の多くが国際連合にもちこまれ，総会または安全保障理事会において，あるいはすでに解決され，あるいは目下審議中である。総会は「勧告権」しかもっていないが，世界の95％以上の国々が一堂に会してか•も•し•だす国際世論の説得力はあなどりがたい。他方，安保理事会には，すべての国連加盟国を拘束する「決定権」が与えられているが，いわゆる5大国（米・英・仏・ロ・中）の**拒否権**のせいで，同理事会の機能は時としていちじるしく低下する。

なお，日本で大きな論議をよんだ国連平和維持活動（いわゆるPKO）も，現在では安保理事会（または総会）の重要な機能のひとつに数えられている。

また，地域的な紛争を解決するために，国連の縮刷版ともいうべき地域的安全保障機構（全米機構など）がいくつもあるが，これらは，国際連合にくらべて構成国がはるかに少ないだけに，ややもすれば，集団保障ほんらいの対内•的機能よりも，同盟のもつ対外•的な性格が強いことは，とくに注意を要する。

6　国際法と国内法との相違

国際法と国内法との間にはいろいろな差があることは，以上の**1～5**においても断片的に指摘してきたが，このへんで両者の違いをもう少し体系的に眺めておこう。

法主体の相違　まず，国際社会における原則的な法主体は「国家」という法人であるのに反し，国内社会は「個人」という自然人が法主体の中核をなしている。もっとも，一方で，国際法のもとでも個人に主体性が認められる場合のあることはすでに指摘したとおりであり，他方で，国内法でも，株式

会社その他の法人にも主体性が認められていることはいうまでもない。その意味では，法主体性の点における両者の相違は，けっして本質的なものとはいえないであろう。しかし，国内法上の法人は，その設立の要件についても設立後の活動範囲についても，「国家」という上級機関の支配をうけるのに対し，国際法上の国家には，そもそも，上級機関というものが存在しない。いいかえれば，国内社会が上下関係から成り立っているのに対し，国際社会は，並列関係を基盤としているのである。

制度的な相違　つぎに，国際社会には，その構成員である個々の国家の上に立つべき中央集権的な上級機関が存在しないだけに，法の定立・適用・執行のどの面をとってみても，国際社会は，国内社会にくらべてかなり見劣りがする。

（1）法の定立　まず，国際社会には，正式な議会というものがない。現在では，国際連合（とくに総会）が，やや立法機関的な機能を果たしつつあるが，まだまだきわめて不完全である。第1に，すべての国家が国連総会に参加し，または代表されているわけではない。現在の世界には200近い国・地域が存在するが，すでに述べたように，国連に加入しているのは193ヵ国である。第2に，国連総会で採択される「決議」は，法律とは異なり，国連非加盟国に対してはもとより，加盟国に対してさえ，法的拘束力がない。また，各国の代表者から成る国際会議で「条約」が採択されたとしても，その条約はただちに発効するわけではなく，自発的に署名・批准した国同士の間でだけ適用があるに過ぎない。その意味では，「条約」は，国内法上の「契約」に近く，「法律」とは根本的に異なるといわなくてはならない。このように，立法

手続がきわめて不備なために，国際社会においては，今日でもなお，成文法（条約）よりも慣習法の方が比較的大きな比重を占めている。

(2) 法の適用　　国際社会のこうした後進性は，また，法の適用の面においても明瞭にあらわれている。第1に，国際法を統一的に適用すべき全世界的な裁判所というものが存在しない。現存する常設裁判所のなかで最も権威があるのは，ハーグにある**国際司法裁判所**（15人の裁判官から成る）であろうが，同裁判所規程の当事国は，国連の全加盟国193ヵ国に限られている（2012年3月現在）。第2に，しかもその193ヵ国に対してさえ，裁判所は，当然に管轄権を有するわけではなく，紛争を同裁判所に付託することを**裁判条約**もしくは**裁判条項**のなかであらかじめ約束しているか，または，**選択条項**といわれる規定（国際司法裁判所規程36条2項）をあらかじめ受諾している国家に対してのみ，強制管轄権を及ぼしうるに過ぎない。いいかえれば，国家は，同裁判所規程に加入しても，裁判条約を締結したり，選択条項を受諾したりしないかぎり，自己の意思に反して同裁判所の前に引きだされる心配はないのである。もっとも，規程の当事国が（一定の条件のもとでは非当事国も），任意に提訴し，または応訴することは少しもかまわない。第3に，国内法では，訴訟当事者のいずれかと密接な関係（たとえば，親子関係）がある裁判官は，忌避または回避によって，裁判に関与しないのが原則であるが，国際法では，少なくとも「国籍」は，忌避・回避の理由とならない。むしろ逆に，紛争の当事国は，選挙で選ばれた15人の裁判官のなかに自国籍の者が含まれていないときは，自国の任命した**国籍裁判官**（自国

籍以外の者でもかまわない）——**特任裁判官**または**アド・ホック裁判官**ともいう——を法廷に送りこむことができる仕組みになっている。

（3）法の執行　　上述したように，国際社会では，裁判が開かれるまでに幾多の関門があるが，それらをすべて突破して，首尾よく判決が下されたとしても，けっして問題が最終的に解決されたことにはならない。なぜなら，国際司法裁判所には，その判決を強制的に執行する権限をもった固有の機関がそなわっていないからである。その不備を補うために，紛争当事国の一方が判決を履行しない場合には，他方の当事国は，安全保障理事会に訴えることができるとされている。訴えをうけた安保理事会は，状況に応じて，あるいは「判決を履行するよう」当事国に勧告することによって，あるいは「判決不履行国に対し外交断絶その他の手段をとるよう」国連加盟国に勧告・決定することによって，判決の履行を直接・間接に促すことができる。その意味では，判決の執行がいちおう保障されているようにみえるが，実は，必ずしもそうではない。なぜなら，安保理事会は，判決執行の義務を負っているわけではなく，「判決を執行することが必要だ」とみずから判断したときにだけ，上のような措置をとる権利（権限）を有するに過ぎない。したがって，政治的配慮から，理事会が判決執行のためにはまったく動かない場合も十分に考えられる。しかも，たとえ理事会が判決の執行を決意したとしても，国内の警察力にあたるような，常設的な「国際警察軍」が未結成の今日では，「実力による執行」という最終的な保障に欠けているからである。

§7 国際社会と法　199

体系的な相違　国際法と国内法とは、また、法体系の点でも、相当な開きがある。

（1）公法と私法　組織化がおくれ、中央政府というものが成立するにいたっていない国際社会では、公法という概念も未発達で、国内法上の行政法や国家賠償法のような「体系だった公法」は存在しない。ただし、国際機関がめざましい発達をとげた結果、最近、ようやく「組織法らしいもの」が、わずかながら形成されつつあるといってよい。

（2）民法と刑法　社会の連帯意識がとぼしいということの論理必然的な結果として、国際社会においては、ほとんどすべての規範が民事的性格のものであり、反社会行為（犯罪）という概念が未成熟である。もっとも、ある不法行為を行った国に対して、その不法行為によって被害国がこうむった損害と明らかに均衡を失するほど大きな責任が課せられたケース（アメリカにおける「懲罰的賠償金」の制度に近い）は、過去においても、けっしてめずらしくない。したがって、国際法上の国家責任は、必ずしも完全に民事的なものでなく、ふつうの損害賠償額をこえて要求される部分は、むしろ、**制裁**としての性質をもっていたと解されるべきであろう。さらに、最近では、戦争犯罪・集団殺害・国際テロ（ハイジャックなど）といった分野において、刑事責任的性格の濃い国際法がしだいに台頭しつつあることもみのがせない。1990年代から、旧ユーゴースラビア領域内における「民族浄化」に対して旧ユーゴースラビア国際刑事裁判所が、ルワンダ国内の大量虐殺に関してルワンダ国際刑事裁判所が設置され（ただし、首謀者が逮捕されるに至っていない場合も多い）、さらに、もっと一般的

な管轄権をもった国際刑事裁判所が発足したのは，その表れである。

（3）　**強行法規**と契約（条約）　　また，契約の分野において，国内法では，利息・借地・借家の場合などのように，一定の事項については，法律が絶対的に優先し，その規定に反する契約は，たとえ当事者双方の合意があっても無効とされる。それに反し，伝統的な国際法では，そうした**強行法規**というものは，慣習法のごく一部を除いて，ほとんど存在しなかった。すなわち，すべての条約は，同等の価値をもつものとされ，したがって，そこでは，「後法は前法を破る」とか「特別法は一般法に優先する」といった法原則が完全に適用されていたのである。その意味で，国連憲章103条が，「憲章義務の優先」を明記したことは——憲章に違反する条約そのものを無効にするとまではいっていないにしても——国際社会における成文強行法の萌芽といってよい。また，1969年の「条約法に関するウィーン条約」53条が，「強行規範」という言葉をはじめて用いたことも，大いに注目される。

7　国際法の発達

こうしてみてくると，国際法は，国内法にくらべて，いかにも頼りなく思えるし，事実そのとおりでもある。しかし，それは，国際法の後進性を示すものではあっても，必ずしも国際法の劣等性を意味するわけではない。そもそも5000年以上の歴史をかけて完成されてきた国内社会と，わずか200年そこそこの歴史しかもたない国際社会とを，同じ尺度で計ろうとすること自体が無理なのである。国内法と比較すれば，国際法は，あらゆる面におい

て，たしかにおくれている。しかし，国際法は国際法なりに，日進月歩を続けているのであり，その将来はけっして暗くはない。

国際社会の組織化 まず，いろいろな欠点を内蔵しているとはいえ，全世界の国の9割以上をメンバーとする国際連合のような国際組織が，成立後70年たってなお健在であるなどということは，国際社会の歴史上かつてなかったといってよい。そのうえ，国際社会の組織化の傾向は，政治の分野においてだけでなく，経済・開発・環境・労働・文化・教育・交通・通信など，あらゆる面において並行して進みつつあり，しかも同時に，それらは，国際連合を中核として，互いに有機的に関連づけられている。こうして，国家間の関係が緊密化すればするほど，国際社会の連帯意識も旺盛になり，ひいては，国際法が充実し，究極的には世界法が成立する可能性も大きくなる。

国際法の優越性 一国の国内法によっては改廃できない「国際法」というものの存在を認める以上，国際法が国内法より優位に立つと考えるべきことは，ほとんど自明の理であるといえよう。しかし，そのことは，必ずしも，国際法の・すべての内容が，あらゆる国においてつねに実現されることを保障するものではない。もちろん，確立した国際慣習法は，「多くの国々の長年にわたる慣行」という裏づけがあるだけに，尊重される場合が多く，国内法との優劣が問題とされるケースは比較的少ない。しかし，条約は，その締結手続が各国の国内法（主として憲法）にゆだねられているだけに，憲法との優劣関係がしばしば大きな問題となる。もっとも，憲法上の手続をふまないで結ばれた条約は，そもそも無効であるから，憲法との優劣問題は，はじ

めから生じないはずである。したがって、ほんとうに問題となるのは、「手続的には合憲でありながら、内容的に違憲な条約だけだ」ということができる。その場合、条約を優越させれば、憲法が正規の改正手続によらないで実質的に改正されてしまう結果となる。そのために、少なくとも、裁判所に違憲審査権を与えている国においては、内容が憲法に反する条約は、国内的効力を否定される公算が大きい。他方、条約の適用が国家機関（裁判所を含む）によって否定されたときでも、条約内容（それが違憲であるかどうかは問わない）を強制的に実現させることのできる国際法上の手段というものは存在しない。したがって、その意味においては、事実上は、憲法の方が条約に優越するといわざるをえない。しかし、法的には、「憲法上の正規の手続をふんで条約が結ばれた以上、たとえ憲法上の理由からにもせよ、その内容を実現できなかった国は、条約の相手当事国に対して、陳謝・損害賠償その他しかるべき措置を講じなければならない」という意味においては、あくまでも条約が憲法に優越するといってよい。なぜなら、もし憲法が条約に完全に優越する――いいかえれば、条約が、一般の法律と同じように憲法の下位に立つとする――ならば、憲法違反の条約内容を実現しなかったからといって、責任を問われることはないはずだからである。しかも、最近、条約内容の実現という点でも、憲法より条約に優越性を認めようとする国が現われてきたことは、国際法の将来を明るくするひとつの大きな要素といってよいであろう（わが国については54〜55頁参照）。

国際法の適用範囲の拡大

さらに，最近とみに顕著となりつつある傾向のひとつとして，国際法の客体（規制の対象）の拡大があげられる。たとえば，労働や通信の問題は，かつては，もっぱら各国の国内事項と考えられていたが，現在では，多数の国際労働条約（いわゆる ILO 条約）によって労働時間や労働者の団結権が国際的に定められ，電波についても，国際電気通信連合（ITU）による周波数の割りあてが行われるにいたっている。しかも，こうした動きは，関税や為替レートのような経済面から，さらには，人権・環境・文化・航空・保健その他の分野にまで及びつつあり，その意味において，国内法の専管事項がしだいに国際法に移管されつつあるといってもいい過ぎではない。

このように，国際法は，その後進性を日ましに克服しつつある。もちろん，いつの日か**世界政府**が樹立されれば，地球上の法はすべて**世界法**に統一・吸収されるべきであり，その意味では，国際法というのは，ひっきょう「過渡的な存在」に過ぎない。しかし，少なくとも，近い将来において，200 近い国々のすべてが，その主権を全面的に世界政府に委譲するとは考えられない。したがって，ここ当分は，世界の平和も繁栄も，多分に，国際法の発達いかんにかかっているということができるであろう。

【参考文献】〈入門書と条約集〉〈著者の五十音順〉
植木俊哉編『ブリッジブック国際法』(3 版) 信山社，2016.
香西茂ほか『国際法概説』(4 版) 有斐閣，2001.
小寺彰・岩沢雄司・森田章夫編『講義国際法』(2 版) 有斐閣，2010.
広部和也・荒木教夫『導入対話による国際法講義』(3 版) 信山社，

2011.
松井芳郎『国際法から世界を見る』（3版）東信堂，2011.
松田幹夫編著『演習ノート　国際関係法〔公法系〕』法学書院，2012.
水上千之・臼杵知史・吉井淳編『国際法』不磨書房，2002.
横田洋三編著『国際法入門』（2版）有斐閣，2005.

奥脇直也＝岩沢雄司編集代表『国際条約集』有斐閣.

第4章

法 の 発 展

1 法の発展と社会の発展

法規範の相対性 　法は，社会の変化に対応して変化する。あらゆる時代，あらゆる社会を通じてすべての法が不変だと説くものは，まず，いないといってよい。たとえば，「人を殺した者は処罰される」という法命題は，一見あらゆる社会，あらゆる時代に通用するもののように思われるけれども，未開社会の老人遺棄にみられるように，また文明社会においても戦争その他例外的な事態にみられるように，殺人が法的に認容され，奨励される場合さえあることを否定するわけにはいかない。別の例として，「人間はすべて法の前に平等である」という原則をとりあげよう。奴隷が物と同様に所有者の処分の対象とされた社会ではもちろんのこと，貴族・市民・農民とか，士・農・工・商とかいう閉鎖的な身分が存在し，それぞれの身分に特有の権利義務が対応していた身分制的社会においても，「法の前の平等」という原則は存在しなかった。そればかりでなく，この原則がいちおう確立した近代においても，「平等」の具体的内容はけっして一様ではない。法の発展の考察は，このような法規範の相対性を認

社会と法

それでは，法規範の相対性は，いったい何に由来するのであろうか。法が**社会統制**（social control）の一手段だとすれば，対象となる社会の差異に応じて，これをコントロールする法の差異を生ずることは，当然だといわなければならない。法は変化する。だが，それはけっして法の自己発展ではなくて，社会の変化に対応した変化なのである。「自力救済」の問題を例として考えよう。西洋の中世社会においては，自己の権利が侵害された場合に実力をもってこれを回復することは，むしろ常識であった。これに対して，近代社会では，紛争は原則として裁判所で平和的に解決されるべきものとなり，実力による権利の回復（自力救済）は，ごく限られた場合にのみ合法とされるにすぎない。このような法の変化を考察するさいに，われわれは，たんに変化の沿革をたどることで満足してはならない。なぜその変化を生じたかという疑問をいだくことが必要なのである。もちろん，この疑問に対しては多くの解答がありうる。たとえば，中世の人間が野蛮で好戦的であったのに対して，近代人はより平和的になったからだ，と考える人もあろう。しかし，この解答においては，中世社会と近代社会の差異がほとんど考慮されていない。くわしい説明はのちにゆずるが，中世においては，社会全体の秩序の維持を一手に引きうける強大な権力がなく，社会の秩序は自力救済の承認を前提としてどうにか維持されていたこと，これに対して，近代においては，すべての権力を一手に収めた国家が社会秩序維持の任務をもっぱら担当していることを念頭において考察を進めることが，最小限度必要なのである。

(注1) 法を社会統制の手段とみる考え方，および「社会統制」という用語については，川島武宜「法社会学序説（講義）」『川島武宜著作集』第2巻，岩波書店，1982年，を参照。別の観点から，法を「規範的予期の整合的一般化」として定義するのは，ルーマン（村上淳一・六本佳平訳）『法社会学』岩波書店，1977年。
(注2) 村上淳一『「権利のための闘争」を読む』岩波書店，1983年。

　もっとも，「法は社会の変化に対応して変化する」ということは，けっして「法は社会のたんなる反映にすぎない」という意味ではない。とくに，「社会」を狭く限定して，いわゆる経済的土台が一方的に法の内容を決定するとみる立場をとるときは，複雑な法の発展の過程が不当に単純化されてしまうおそれがある。「法は社会統制の手段である」とは，法が一定の社会を前提としながら能動的にこれに働きかける手段であることを意味する。複数の手段のうちからひとつを選ぶさいには，当然，政策決定（価値判断）が行われるが，この政策決定がなされた理由を，社会，とくに経済的土台の研究のみによって確定することは，困難な場合が多い。しかし，社会統制における政策決定の幅をいかに広く認めようとも，法が一定の社会を対象として予定するものである限り，そしてまた，法の形成・適用がその社会に生きる人間によって行われるものである限り，法と社会との密接な関係は否定できないであろう。このような意味で，「法の発展」の基盤は「社会の発展」にあるといえるのである。

2　自然法と歴史主義

2つの立場　　法が社会の変化に対応して変化するものであり，それゆえ法規範の相対性が宿命的であることを前提として，「法の発展」に関するわれわれの態度は2つに大別さ

れる。第1は、社会の変化にもかかわらず変化しないあるべき法を予定して、それとの関係において現にある法（実定法）の発展を考察しようとする二元論的な立場であり、第2は、とくにあるべき法を予定することなく、ある法に即してその発展を論じようとする一元論的な立場である。この2つの立場は「自然法」と「歴史主義」の対立という形であらわれる。すなわち、近世ヨーロッパの**自然法論**は、相対的な実定法秩序の上に理性から導きだされた法＝自然法をおき、この自然法を基準として実定法秩序を批判する。自然法に違反する実定法（たとえば、人種的迫害を許容する法律）は、場合によっては無効とされる。そして、実定法秩序の発展は、理想として高くかかげられた自然法に導かれつつ遂行されるべきものと説かれる。上述のように、実定法秩序の発展は社会の発展を基盤とするものであるから、徹底した自然法論は、社会の発展そのものを自然法によってリードしようと試みることになる。

これに対して、**歴史主義**においては、実定法秩序を批判する絶対的基準は存在しない。もちろん、歴史主義においても「進歩」の観念がないわけではないが、それは実定法秩序ないし社会の外にある超越的な理想に導かれるべきものではなく、実定法秩序ないし社会に内在する力によって行われるべきもの、とされる。この立場においては、いうまでもなく、実定法秩序に対する批判は自然法論の場合とくらべて弱いのが原則である。自然法がしばしば実定法秩序ないし社会に対するラディカルな批判の原理たりえたのに対して、歴史主義は、社会および法の安定的発展をささえる機能を示したのであった。もっとも、自然法の名を冠しながら、

実定法秩序に妥協してしまった例（プロセインの啓蒙期自然法など）もあれば，歴史主義の外形をとりながら，きびしい実定法秩序批判を行った例（マルクス主義）もある。しかし，前者は歴史主義に変質した自然法論にほかならず，後者は自然法論の実質をもつ歴史主義だといえよう。

認識と実践　2つの立場は，理論的にはいずれも欠陥のないものではない。まず，自然法論においては，あるべき法はだれによって定められるのか，その正さしさは何によって保障されるのか，という問題がある。自然法を「神」によって与えられたものとみてしまえば問題はないが，自然法もまた人間によって考えだされた理想にすぎないとみる限り，その内容に差異・変化のありうることは承認せざるをえないであろう。たとえば，残酷な刑罰を定めた実定法が自然法に反するといえるにしても，死刑が残酷な刑罰に含まれるかどうか（したがって，死刑を定めた実定法の規定が自然法に反すると認められるかどうか），という質問に対する解答は，古今東西を通じて一様ではないであろう。つきつめて考えれば，自然法も結局のところ絶対的な基準ではありえないことがわかる。

それでは，歴史主義の場合はどうか。歴史主義は，実定法秩序ないし社会が，自己に内在する力によって発展するものと考える。しかし，厳密にいえば存在から当為を導きだすことは不可能であるから，歴史主義が「進歩」の観念を完全に抹殺してしまわない限り，ここでもあるべき法が——自然法論の場合と違って裏口からひそかに——もちこまれざるをえない。歴史主義においても多くの場合，あるべき法はだれによって定められるのか，その正し

さを保障するものは何か，という問題を避けることはできないのである。

このように，理論的には，2つの立場はいずれも欠陥を有している。これらの立場は，むしろ法の発展ないし社会の発展に対する実践的な態度として評価されるべきものであろう。われわれはあるべき法の相対性・主観性をはっきり承認したうえで，われわれ自身の態度決定をなすべきである。社会と法の発展のたんなる傍観者にとどまろうと欲しないならば，われわれは，法の発展の主体的・実践的側面を軽視してはなるまい。

3 近代法の成立

近代法とは何か 　上述のような実践的関心をもって，法の発展を考察するさいに，最も重要な対象が近代法であることは，われわれが近代社会に生きる人間である以上当然だといってよい。だが，そもそも近代法ないし近代社会とは何であろうか。わが国の多くの学者は，**近代法**あるいは近代社会を**近代市民法**あるいは近代市民社会と同視し，さらに近代市民社会を資本主義社会として理解してきた。このような概念規定は，日本の近代化が資本主義の発達によって行われ，また，行われるべきものとされたことと無関係ではない。わが国の学者は，まさに近代市民法あるいは近代市民社会を分析することによりわが国の近代化をリードしようとしたのである。しかし，このような態度をとるときは，一方において「先進資本主義国」たる西洋諸国の近代が理想化されるおそれがあり，他方において，近代市民社会を経由せずに発展する社会（たとえば，アジア・アフリカの社会）の近代

化の研究が，なおざりにされやすいことに注意しなければならない。こうした危険を避けるためには，近代法ないし近代社会を狭く近代市民法ないし近代市民社会に限定することなく，すべての社会と法について，個性的な近代化の過程を究明することが必要だと思われる。しかし，ここでは，いちおう通常の用語法に従って近代法を近代市民法と同視し，その成立と発展を論ずることにしよう。

　上述の概念規定によれば，「近代法」とは近代市民社会＝資本主義社会の法である。ところで，資本主義社会とは，商品交換が普遍的に──すなわち，生産された商品の流通過程におけるのみならず，その生産過程においても労働力という商品の売買という形で──行われる社会だ，と定義される。商品交換とは富（商品）の所有者が相互に相手の富の所有を承認しつつ，これを交換することにほかならないから，「近代法」においては，原則としてすべての財貨の上に排他的な**私的所有**が認められ，自由な合意＝**契約**による財貨の交換が認められ，すべての交換当事者の独立自由な法的主体性＝**法人格**が認められなければならない。このように私的所有，契約，法的主体性を３つの基本的要素とする商品交換の法は，商品交換が政治権力の介入なしに，市民社会内部において自律的に行われるべきものであるゆえに（私的自治の原則），政治権力から分離された自己完結的な体系をなす（「近代法」における公法と私法の分化）。市民法とは，このような自律的な商品交換の法＝私法を指すのである。ところで，私法がその自律性を確保するためには，市民社会が消極的に政治権力の介入を免れようとするにとどまらず，積極的に政治権力を自己の手に収めること

が必要になる。こうして成立した民主主義のもとで、公法もまた「近代法」と呼ばれるにふさわしい性質をそなえ、政治権力による私法秩序の保障に奉仕するものとなる。ここにおいてはじめて、真の「近代法」の確立を認めることができる、とされるのである。^(注)もっとも、このような「近代法」の概念は、あくまでもひとつの理念型にすぎない。重要なのは「近代法」の概念をもって現実を断罪することではなく、この概念をひとつの分析の道具として利用しつつ、それぞれの社会と法の個性的な発展の過程を究明することにほかならない。

(注) このような図式は、とくに川島武宜により展開されたものであり、最近では、渡辺洋三『法とは何か・新版』岩波書店、1998年、がこれをうけついでいる。

中世から近世へ　　上述のような「近代法」の成立の過程は、何よりもまず、西洋の中世から近世、さらに近代への法の発展の過程としてあとづけられる。西洋中世社会（封建制社会）においては、近世以降に発達したような一定範囲の領土と人民を統一的に支配する国家（領域的国家）は未発達であり、自己の利益を自分自身の武力で維持する多くの土着の権力が相互にゆるい契約関係（人的結合関係）を設定していた。もちろんフランク王国ことにカロリング朝の王権や神聖ローマ帝国の皇帝権が、ある程度西洋中世社会を統一する機能をもったことは否定できないが、王権・皇帝権といえども、自己と契約関係に立つ封臣の権力の主体性を無視して、その権力の内部に介入することは不可能であった。そのような社会において、法と権利は各自の実力による保障を欠くことができない。たとえば、物に対する権利と

してのゲヴェーレ（Gewere）は，権利者が目的物を事実上支配する限りにおいて権利として認められたのであり，事実上の支配の喪失は原則として同時に権利の喪失をもたらした，とされている。この権利を移転するために事実上の支配を移す行為が不可欠であったことは，いうまでもない。この例にみられるように，西洋中世社会の法と権利は，無数の独立諸権力の実力により直接保障されていたのであって，実力行使を禁止し，秩序維持の任務を一手に引きうけられるほど強力な国家権力は，まだ存在しなかった。ところが，12〜13世紀をさかいとしてこのような封建制社会はしだいに構造変化をとげ，やがて法の発展も新たな局面を迎えることになったのである。

　封建制社会の崩壊の主たる原因は，有力な領主によって指導された農村の集村化（村落共同体の成立）と三圃農法の採用の結果，農業生産力が飛躍的に向上したことにある，と考えられる。農業生産力の向上は市場たる都市の発達を促進し，貨幣経済を発展させた。ここにおいて，従来，農民に対し賦役を強制することにより直営地経営を行ってきた荘園領主は，むしろ農民に自由を与え，その代償としてより多くの貢租，とくに貨幣地代を得ようとする。このような経済的背景の変化は，領主相互間の権力闘争の過程において，政治権力が有力な領主に集中する過程を促進した。このことが12〜13世紀以後の統一的国家権力の成長を基礎づけたのである。まず，きわめて有力な領主（君主）が，領主（貴族）たちや諸都市の代表者の連合（身分制議会）と対抗しながら，ある程度広大な一円の領域を統一的に支配する（身分制国家）。さらに近世に入って，統一国家の存立・発展のために強力な常備軍が設

置されたところではその財源を確保するために官僚制が発達し、国王は官僚を手足とする支配によって徐々に身分制議会の権限を奪っていく（絶対王政の成立）。この変化、とくに官僚制の発達に対応する法の発展は、大陸、ことにドイツでは**ローマ法の継受**（一括的導入）という形で行われた。すなわち、当初、閉鎖的農業社会の法として形式主義的な特徴を示していたローマ法は、ローマが地中海を内海とする世界支配を確立するにいたって柔軟な世界法へと発展し（とくに取引法）、紀元6世紀に東ローマのユスティニアヌス帝によって、後に市民法典（Corpus Iuris Civilis）と呼ばれることになった大法典に編纂されたが、この市民法典（ローマ法大全）が12〜13世紀のボローニャの法学者により論理的に体系化され、さらに14世紀のボローニャにおいて当時の社会的状態に適合するように再構成されたうえ、ひろく西洋諸国（イギリスを除く）に導入されたのである。ローマ法学の専門的知識を身につけた官僚は、行政においても司法においても、成立しつつある絶対王政の手足として大きな役割を演じた。こうしてローマ法は、職業的官僚制を支配の道具とする絶対王政を経由して近代化した大陸諸国において、「近代法」の骨格を形成することになった。これに対して、大陸から隔離されているゆえに統一国家の形成が容易であり、常備軍（陸軍）を維持する必要のなかったイギリスにおいては、身分制議会を無力化する職業的官僚制の発達はみられず、したがってローマ法の継受も行われずに、土着の**コモン・ロー**（Common law）が「近代法」の原型となったのである。

大　陸　法　はじめに、大陸法を代表するフランスとドイツの「近代法」の成立を概観しよう。フランスの絶対王

政は，16世紀末にはじまるブルボン王朝において確立した。14世紀に設立された身分制議会（全国三部会）は，1614年から大革命直前まで開かれることがなかったのである。もっとも，一見強力に貫徹されたかのように思えるフランス絶対王政の支配も，伝統的な身分制秩序の自律性を完全に否定できたわけではない。国王の行政の一環として発せられた各種の王令も，ルイ14世の刑事王令（1670年）が糺問手続を強化し，商事王令（1673年）と海事王令（1681年）が重商主義的財政・経済政策を反映するものであったことを除けば，伝統的な法を尊重しながらその体系化をはかるものにすぎなかった。手続上も，王令が王令としての効力をもつためには，活動停止中の全国三部会に代わって身分制社会の利益を代表した高等法院（パルルマン）に登録されることが必要であった。このような王権と身分制社会との「綱引き」は，王政を廃止するとともに身分制社会の諸特権を否認する大革命（1789年）によって終止符を打たれることになる。1804年の**フランス民法典**（Code civil）は，領主に対するいっさいの負担の消滅を要求する農民と，諸特権の廃棄を要求する市民の勝利の記念碑である。1830年代に産業革命が開始されるまでのフランス社会がなお強度に農村的であり，民法典編纂者の関心が負担から解放された農民の土地所有権に集中していたとしても，また，強力な父権と夫権が家長たちによって構成される市民社会の実態に対応するものだったとしても，「個人の自由・平等」，「所有権の絶対」および「契約の自由」を中核とする Code civil は，資本主義の発達を可能にする経済生活の枠と認められる限りにおいて，民法典＝市民法典と呼ばれるに値した。もっとも，市民法を保障すべ

き民主主義は，王政復古（1814年）から第2帝政の終焉（1870年）にいたるまで現実には機能せず，権力は市民社会を構成する家長たちの手に握られていた。フランスに民主主義が定着するのは，第3共和政（1870〜1940年）の時代である。工業化の進展にともない，家長たちの社会としての市民社会が大衆社会に転化するにつれて，ようやく民主主義が実践に移されることになったのである。しかし，女性の参政権が承認され，家族法上の男女同権が確立するようになったのは，さらにおくれて第2次大戦後のことであった。

　フランス絶対王政の確立が，大革命後の国民国家形成の基礎を準備したのに対して，貨幣経済の発達の相対的なおくれと複雑な国際関係のゆえに中世的な権力分散の克服が不十分であったドイツでは，事情が異なっていた。ドイツにおいては帝国身分制議会を構成する帝国貴族が，それぞれ自己の領邦（ラント）に対する支配権を強化し，ラントの貴族やラント都市の代表者から成るラント身分制議会と対抗しながら，各ラントを統一国家へと発展させたのである。このようなラントの数は中世末期に300をこえていたが，そのなかで最も有力なラントのひとつであったプロイセンが，やがて19世紀後半のドイツ国民国家形成の中心として大きな役割を演ずることになる。プロイセンでは，17世紀半ばに設置された常備軍を維持するために官僚制の整備が進められ，18世紀後半には**一般ラント法**（Allgemeines Landrecht）と称する重商主義的・後見的な法典が編纂された。しかし，この法典が施行された1794年には，すでに重商主義の時代は過ぎ去ろうとしていた。19世紀初頭にナポレオンに敗れたドイツは，資本主義

の発達による近代化の道を歩みはじめる。フランスの場合と異なり，法の改革は下からの革命とその成果たる統一法典編纂によって一挙にもたらされたのではなく，個別的な立法と法律学，とくに後者によって徐々に実現されたのである。市民法の体系はローマ法の再構成により**学説法**として形成され，著名な法律学者の教科書は裁判所において法典と同様に重視されることになった。この法律学，およびそれにもとづいてドイツ統一（1871 年のドイツ帝国）後に編纂され 1900 年に施行された**ドイツ民法典**（Bürgerliches Gesetzbuch）は，市民法の基本原理を明確に体系化している。もっとも，ドイツでも 19 世紀の 70 年代以降，工業化の進展はめざましく，市民社会は大衆社会に変質しつつあった。80 年代の社会保険立法は，このような変質に対応するものである。したがって，ドイツ民法典は，「自由主義の時期遅れの子」だといわれている。ドイツでは，市民法を保障すべき民主主義は，ワイマール共和国において，婦人参政権の承認をも含めて制度化された。しかし，民主主義が真に定着するのは，ナチスの独裁（1933～45 年）という試練を経て，第 2 次大戦後のドイツ連邦共和国においてであった。

英米法 イギリスが身分制国家としての形をととのえたのは 14 世紀である。しかし，大陸諸国において君主が身分制議会と対抗しつつしだいにこれを無力化していったのに対して，イギリスはやや異なる発展の道をたどった。すなわちイギリスでは，王権と身分制議会の対抗関係は，ピューリタン革命とそれに続く反革命の激動を経たのちに，1688 年の名誉革命によって一元的な議会王政（「議会のなかの国王」の主権）に転化し，こ

の議会が徐々に基盤を拡大してゆくことによって議会制民主主義の形成をみるにいたる。18世紀のイギリスにおいて、議会ことに庶民院は財政に関する権限をよりどころとして発言権を強めたが、逆に国王は、多くの役職や利権の供与によって庶民院を操作したのであり、この相互的関係から「議会のなかの国王」という一元的な統治システムが生まれたのであった。このシステムが、19世紀から20世紀にかけての度重なる選挙法改正によって、議会制民主主義へと発展してゆくのである。イギリスにローマ法が継受されず、コモン・ローが**衡平法**（equity）によって補充されつつ判例法の形で「近代法」へと発展したことは、このような発展に対応している。すなわち、イギリスでは、王権により統合された身分制社会の法として12世紀に成立したコモン・ローが、王権による個別的保護としての性格をもつエクイティによって補充されつつも効力を保持し、17世紀のいわゆる「コモン・ローの危機」をのりこえてイギリス「近代法」へとうけつがれてゆく。議会がコモン・ローに固執して王権と対立するという構図が名誉革命によって清算され、一元的な議会王政が完成されたからこそ、伝統的なコモン・ローとエクイティおよび議会制定法が無理なく接合することになったのである。こうして、複雑な歴史的要素を含みながらも統一性を失わないイギリス「近代法」が成立した。これに対して、中世をもたないアメリカでは、コモン・ローを中心とするイギリス法の強い影響をうけながらも、アメリカ特有の条件に合しない部分が切りすてられ、「イギリス法の選択的継受」がなされた。しかしアメリカの「近代法」も、ヨーロッパ大陸諸国の法と比較すれば非体系性を特徴とし、判例法主義を基本

とするなど，イギリス法と多くの共通性を示している。

このように，欧米の主要国だけをとってみても「近代法」の成立過程はきわめて多様であり，単純な図式にあてはめてきれいに説明できるものではない。各国における法の近代化についての研究を，それぞれに勉強するほかはないであろう。(注)

(注) ヨーロッパ全体について，クヌート・W・ネル『ヨーロッパ法史入門』東京大学出版会，1999年参照。ドイツについては，村上淳一『近代法の形成』岩波書店，1979年，および村上淳一『ドイツ市民法史』東京大学出版会，1985年。フランスについては，野田良之『フランス法概論』上巻，有斐閣，1954年，および，山口俊夫『概説フランス法』上，東京大学出版会，1978年。英米については，田中英夫『英米法総論』上，東京大学出版会，1980年。

4 近代法の発展

現代資本主義と法　市民社会の発展は，やがて，市民社会成立以来実質的にはブルジョアジーに富を独占され，その分配から除外されていた労働者および小生産者の間に富の分配への要求を生み，ことに労働者は19世紀後半から20世紀初頭にかけて連帯して政治的自由を獲得するための闘争を行うようになる。このような市民社会の大衆社会化に対応して，法的には，富の分配を修正するために市民法の基本原理（とくに「所有権の絶対」と「契約の自由」）が制限され，さらに労働者や小生産者をも含めた国民の政治的権利が承認される。前者が社会法による市民法の修正であり，後者が民主主義の確立（フランスでは1875年の第3共和政憲法，ドイツでは1919年のワイマール憲法，イギリスでは1884〜85年の選挙法改正から1928年のそれにいたるまでの諸改革）である。理念型たる「近代法」の概念において，市民法が同時に民

主主義により保障されるべきものであったのに対して，現実の西洋の近代化過程においては，市民法の成立が民主主義の確立に先行し，市民法の変質過程においてはじめて民主主義の確立をみたことに注意しなければならない。ところで，この市民法の修正と民主主義の確立は，たんに労働者や小生産者の要求を一定限度において充足するだけでなく，従来，国家権力の主要な担い手となっていた階級，とくに独占資本へと成長した上層ブルジョアジーの利益に合するものであることが，徐々に確認されるようになる。ことに，西欧諸国がもはや植民地を獲得・維持しえないことが明白になるにつれて，労働者や小生産者の一定限度の経済的向上は，一方において国内市場の拡大をもたらし，他方，民主主義というシンボルの操作と相まって国内の政治的安定をもたらす。ここにおいて，市民法の修正ないし補充は，国家が積極的に国民の経済生活に介入する形で強力に推進されることになる。そのために膨大な官僚制の機構と複雑な行政法規が必要とされることは，いうまでもない。かつて制定法主義をとらなかった（現在でも基本的には判例法主義をとっている）イギリスも，この発展の例外ではありえない。こうして現代の西欧諸国は，いわゆる**福祉国家**への道を進んできたのである。同様の変化は，イギリスのコモン・ローを継受しながら連邦と州のレベルで独自の法を発展させてきたアメリカ合衆国においても認められる（1930年代の*ニュー・ディール*）。むろん，西欧諸国でもアメリカでも，私有財産制と市場経済の原則は，基本的に維持されている。とくに，1980年代には財政支出の重みに耐えかねた先進国において福祉国家への発展にブレーキがかけられ，80年代末の社会主義体制の崩壊とともに

市場経済への回帰の動きが強まった。しかし，それにもかかわらず，社会的弱者に対する配慮の必要は，もはや無視できないものになっている。

「近代法」の発展については，福祉国家の発展と限界という問題のほかに，もうひとつの問題が残されている。それは，世界的規模における資本主義の発達にともなう諸国法の共通化の問題である。とくに，2013年現在28ヵ国から成るヨーロッパ連合においては，製造物責任法，会社法，労働法，知的財産権法等さまざまの法分野において加盟各国の法の共通化が進められている。

社会主義国家の法　「近代法」は，福祉国家における市場原理の修正後さらにいかなる展開をとげるであろうか。マルクス主義の立場からは，国家独占資本主義のあらわれにほかならぬ福祉国家のもとでは人間の究極的な自由（解放）の実現は不可能であって，この目標に到達するには社会主義革命を経なければならない，とされた。すなわち，福祉国家において市民法の修正がみられるといっても，それは結局，支配階級たるブルジョアジー＝資本家の利益に奉仕するという限界をもつのであり，真に自由な人間の社会を実現するには，まず労働者と農民が協同しつつ権力を独占して，従来の支配階級を無力化する必要がある，と説かれた。このような社会主義国の法が「近代法」とまったく異質のものとされたことはいうまでもない。「近代法」の概念中には民主主義が要素として含まれてはいるが，それは現実には，民主主義という「神話」によるブルジョアジーの利益擁護を意味する，とされた。これに対して，社会主義法においてはプロレタリアートの独裁＝人民主権が確立され，人民主権のもとで，人間

による人間の搾取を可能にしていた生産手段の私的所有にかえて，社会主義的所有（国家的所有および協同組合的所有）が基礎づけられる，と説かれた。社会主義国家における計画経済は，生産手段の私的所有の否定を原則とするゆえに，福祉国家における国家の経済生活への介入との表面的類似にもかかわらず，これと本質的に異なる（福祉国家の完成により社会主義が実現されるとみることは誤りだ），とされたのである。このような社会主義法がはじめて実現されたのは，もちろんソビエト連邦においてであった。ロシアでは1917年の革命によって，労働者と農民の「前衛」が土地貴族と結ぶ帝政を打倒しただけでなく，19世紀末に成長をはじめながら帝政下においてなお権力内部に食い込むだけの力をもっていなかったブルジョアジーをも制圧し，社会主義国家を形成した。その後のソ連の社会主義ないし社会主義法は，けっして平坦な道を進んだわけではないけれども，ソ連の近代化がこのようなルートによってある程度達成されたことは事実である。しかし，とくに1980年代以降，ソ連型中央管理経済は西側世界における技術革新の進展に追いつけず，社会主義体制は機能麻痺におちいって，ついに市場経済への転換がはかられることになった。このような展開に照らして，西欧型近代化の高度に達成された社会がさらに社会主義への道をたどるであろうという予測は，完全に説得力を失ったといわざるをえない。(注)

(注) 世界史についてのさまざまの見方を知るためには，成瀬治『世界史の意識と理論』岩波書店，1977年，が有益である。いまや西洋の近代そのものが反省を迫られていることを論ずるものとして，村上淳一『仮想の近代』東京大学出版会，1992年，がある。

　西欧型近代化またはソ連型近代化を模範とした各国，さらに両

者のいずれとも異なる道を進む諸国の近代化について論ずる余裕はもはやないので、以下においては、最も強くわれわれの実践的関心をひく日本の近代法に問題をしぼることにしたい。

(注) ツヴァイゲルト／ケッツ（大木雅夫訳）『比較法概論・原論』上・下，東京大学出版会，1974年は，英米仏独のほかに，北欧法圏，社会主義法圏，その他の法圏（極東法圏，イスラム法，ヒンズー法）における法発展の概観を与えてくれる。

5 日本の近代法

日本の固有法　明治維新にいたるまでの日本の固有法は，西洋とは異なる発展の道をたどった。いわゆる律令国家において国家的統一がどの程度進行しており，律令がどの範囲で実効性を有していたかは明らかでないが，少なくとも日本全土をくまなく支配する中央集権的統一国家が確立していたとは考えられず，随所に自生的権力が点在していたと思われる。これらの自生的権力が中世に入って成長をとげると同時に，相互にゆるい契約関係を結び，西洋中世社会とある程度類似した日本の中世社会が形成されたのである。したがって，この時期の法の特色は，西洋中世社会におけると同様に，実質的には各自の実力による保障を欠きえない点にあった（たとえば，日本の中世土地法とゲヴェーレとの類似性）。ところで，西洋における中世から近世への発展が，まず身分制国家の成立という形をとったのに対して，日本では事情を異にした。日本における統一国家の形成は，諸領主が中央の身分制議会へと結集し，幕府がこの身分制議会と対抗しつつ独自の官僚制的支配を確立してゆくという形をとらず，幕府が諸領主

をそのまま官僚に任命し，これに地方政治を委託するという形で行われたのである（近世の幕藩体制社会）。鎖国が可能であった日本では，常備軍を維持する必要がなく，それゆえ，ヨーロッパ大陸の絶対王政にみられたような，専門的知識をそなえた職業的官僚制による支配を確立する必要もなかったから，従来の領主に地方政治を委託することが可能であった。ここでは君主の意思を法として強制するための統一的な法典編纂が試みられなかったのはいうまでもないが，統一的審級制度のもとで幕府と諸藩の判例の集積により実質的に法を統一する試みもなされなかった（イギリスの場合との相違）。常備軍の不要性においてイギリスと共通の事情にあったにもかかわらず，広大な市場の不存在（地理的条件と鎖国政策）のゆえに資本主義が発達しなかったことも，法の統一が進行しなかった理由のひとつであろう。このような状態で，日本は明治維新を迎えたのである。

近代法の継受と発展　幕末に外圧による開国をやむなくされた日本は，明治維新における一連の改革によって，資本主義の発達による近代化の基礎をきずいた。上述のように，資本主義の発達に適合的な固有法の統一的発展がみられなかった日本では，法の改革は**西洋市民法の継受**という形をとらざるをえなかった。いうまでもなく明治維新は下からの革命という性格をもたなかったから，フランスの場合のように，統一法典の編纂が革命の成果として日程にのぼる必然性はなかったが，すでに爛熟期にあった西洋市民社会の水準に一挙に到達するためには，ドイツの場合のように学説法によって徐々に市民法の形成を行う余裕はなく，安政の不平等条約を撤廃させるための緊急の必要も

あって，市民法の形成はフランスおよびドイツの法典を下敷きにした法典編纂によって行われることになった。その成果が明治31（1898）年施行の**民法典**（および翌年の**商法典**）であって，これによって日本においても資本主義の発達を可能にする経済生活の枠が用意されたのである。この枠のなかで実際に資本主義的発展をとげたのは，いうまでもなく官僚制により保護育成されたブルジョアジーであった。新たに形成された職業的官僚制は，**地租改正**（税制改革）により明治国家の財政的基礎を確立し，植民地化を防ぐための常備軍の創設・強化に奉仕しただけでなく，同時に日本資本主義の急速な発展を指導する役割を演じた。そして，育成されたブルジョアジーは，地主とともに明治23（1890）年施行の大日本帝国憲法により権力への参加を実現することができた。だが，それは，西欧諸国の工業化がすでに市民社会と市民法の変質をもたらしつつあった時期であり，日本は，社会の不安定化（とくに階級対立の尖鋭化）にもかかわらず，その全面的崩壊を免れるための強力な統制原理を必要とした。「家」のイデオロギー（民法典身分編の日本的特色）によって強化された天皇制イデオロギーがその役割を果たしたのである。(注)

（注）村上淳一『〈法〉の歴史』東京大学出版会，1997年。

第2次大戦における敗戦は，天皇制と「家」のイデオロギーを一挙に弱体化した。したがって，このイデオロギーによってかろうじて維持されていた日本社会の安定は，一時はまったく失われようとした。しかし，占領軍の圧力と，新憲法にうたわれた民主主義（一部はその物神崇拝）によって政治的安定は回復され，日本の資本主義は西欧諸国のそれと同じく福祉国家への道を進むこと

になった。それに対応して日本の「近代法」が新たな発展をとげつつあることは，本書の説明のいたるところから察知されるであろう。しかし，極端に急激な近代化によって多くの無理を生み，その結果，現在なお西欧に比して多くの解決すべき社会的問題をかかえている日本においては，西欧型近代化のいちおうの到達点である福祉国家への道は平坦ではない。さらに，お手本とされてきた西欧型福祉国家そのものについても，それが自由を抑圧した管理社会を生まないかどうか，十分な吟味が必要である。

6 世界法の展望

分野ごとのグローバル・ネットワーク

近代法は基本的に，国家法として発達してきた。それは，政治権力を集中した近代国家が，その強制力によって，国内の安定的な社会秩序を維持するという使命をはたすことができたからである。しかし，いまやグローバル化の進行にともなって，国家法，および国家間の秩序としての国際法は，守備範囲をせばめつつある。社会学者ニクラス・ルーマンのシステム理論を受けつぐドイツの経済法学者グンター・トイブナーによれば，世界市場や人権保障や環境保護といった世界社会のさまざまの分野が，国家的制度からある程度切り離されたところで形成され，それぞれに独自のグローバルな法秩序を生み出している。こうした新しい世界法は，法のすべての分野にわたる伝統の上に生まれるのではなく，経済，文化，科学，技術といった個別の分野との接点ごとに形成される法の，個別的なグローバル・ネットワークから生まれてくるのである。このように説くトイブナーは，そもそも，お

よそ「法」といえるものが「国家的制度からある程度切り離されたところで」自生的に成立するなどということが，どのようにして可能かという問題と取り組む。とくに，それは法が法であるために不可欠であるとされてきた国家的なサンクション（制裁）を欠いているという指摘について，トイブナーは，サンクションはいまではむしろ，規範形成を支えるシンボルとしての役割を果たすものになっている，と主張する。「決定的に重要なのは，具体的な法主張が自己の妥当要求（通用力をもつ法として認められるべきだという要求）をどのようにしてコミュニケーションに乗せるかということである。……ルールは，コミュニケーション行為において法／不法という二分法的コードに従う場合（たとえば損得の区別などではなく，適法か違法かという基本的区別に従ってコミュニケーションがなされる場合）にのみ，法的ルールになる」(注1)。国家的な裁判制度という組織されたサンクションを知らない非国家的な法の場合，グローバルな契約がみずから，仲裁制度のような制度的基盤を生み出し，それをサンクションのシンボルとして法的コミュニケーションが行われるのだ，とされる。

　非国家的な法がこのように法として認められるとしても，その結果，世界法は個別の分野ごとの断片化した姿をとらざるをえない。もとより，トイブナーは，国家中心的な法観念を批判する。「それは，（個別の分野ごとのグローバル化ではなく）まるごとのグローバル化，それどころか集団的な行為能力の要求（大国のグローバル・スタンダードから逸脱する部分の行為能力の否定）にまで至りかねないからである」(注2)。それにもかかわらず，ひとつの世界法に期待をかけるというなら，その世界法は，さまざまの分野ごとの

グローバル・ネットワークが，さらにひとつのネットを形づくっているものとして考えるしかない。ただし，そうなると，それぞれの社会がさまざまの分野（機能システム）に分化してはじめて，分野横断的なネット化が考えられるということになる。ネット化は，システム分化をほとんど知らないような秩序，とくに宗教が政治にも経済にも法にも学術にも芸術にも介入するような秩序と，どのような関係に立つのだろうか？

（注1）Gunther Teubner, Globale Bukowina: Zur Emergenz eines transnationalen Rechtspluralismus, Rechtshistorisches Journal 15, 1996.
（注2）Teubner, Globale Zivilverfassungen: Alternativen zur staatszentrierten Verfassungstheorie, Zeitschrift für ausländisches öffentliches und Völkerrecht, 66, 2003.

合法性のユニヴァーサル・コード　システム理論に反対する立場を取り，法／不法の二分法的コードを「合法性のユニヴァーサル・コード」で置き換えようとするのが，社会哲学者ユルゲン・ハーバマースの思想を受けつぐ刑法学者クラウス・ギュンターである。合法性のユニヴァーサル・コードとは，以下のような観念，原理，規則，法制度だとされる。「個人に帰属し自主的に行使される諸権利；それらの権利と表裏一体をなす諸義務；一次ルールを決める権限を付与する二次ルール；過失責任と厳格責任（無過失責任）の観念；それと関連して行為とその結果を自然人および／または社団法人に帰責させる基本規則；責任と制裁の予見可能性という原理；原告と被告の証明責任分配の規則；無罪の推定；公平な第三者という役割の制度化（裁判に対する上訴権を含む）；双方の言い分を聴けという原理」。
ルーマンのシステム理論による「コード（コミュニケーションの前

提としての「信号法」や「文法」)とプログラムの区別」によれば間違いなくプログラムに属するこれらの「原理」等々を、ギュンターが「合法性のユニヴァーサル・コード」の構成要素としてとらえようとするのなぜか？ それは、ギュンターが師のハーバマスと同様に「人々が一個の法共同体への結合をめざす遂行精神の,不断の活性化」を期待し、それによって「非同時的なものの同時性」(進んだものと遅れたものの同時存在)を克服しようとするからであろう。これに対して、トイブナーは上述のように、「それは,まるごとのグローバル化、それどころか集団的な行為能力の要求にまで至りかねない」と批判すると思われる。われわれは、法のグローバル・スタンダードを作ってその採用を万国に要求するか,それとも、いままで宗教的に、または少なくとも自国中心主義によって統合されてきた社会が、外部からの刺激に反応しながらみずからシステム分化をとげ、「断片化されたグローバル化」のネットに加わることを期待するにとどめるかの、選択の前に立たされているといえよう。

(注) Klaus Günther, Rechtspluralismus und universaler Code der Legalität: Globalisierung als rechtstheoretisches Problem, in: Wingert/ Günther (Hrsg.), Die Öffentlichkeit der Vernunft und die Vernunft der Öffentlichkeit, 2001.

索　引

あ

悪　意 …………………………………15
悪　法 …………………………………14
アド・ホック裁判官 …………………198
アリストテレス ………………………24
アレインメント ………………………125
安全保障理事会 ………………………198

い

家 …………………………………130, 225
イェーリング ……………………17, 27, 30
違憲審査権 ……………………………109
違憲法令審査権 ………………………54
遺　言 …………………………………138
遺言自由の原則 ………………………138
遺　産 …………………………………138
意思表示 ………………………………149
一件書類 ………………………………121
一国一票の原則 ………………………184
一般公益法人 …………………………144
一般財団法人 …………………………145
一般法 …………………………………55
一般ラント法 …………………………216
一夫一婦制 ……………………………131
違法性 …………………………………115
違法性阻却事由 ………………………116
入　会 …………………………………57
入会権 …………………………………146
遺留分 …………………………………138
遺留分減殺請求 ………………………139

う

ヴィントシャイト ……………………27
疑わしきは罰せず ……………………45
宇宙空間 ………………………………185
ウルピアヌス …………………………12

え

永小作権 ………………………………146
英米法 …………………………………217
営利法人 ………………………………144

お

応報刑思想 ……………………………116
大津事件 ………………………………39
恩　赦 …………………………………127

か

外交保護権 ……………………………189
解雇権濫用 ……………………………169
解雇の自由 ……………………………166
解雇保護 ………………………………169
会　社 …………………………………145
解釈論 …………………………………63
解　除 …………………………………154
改正刑法草案 …………………………118
改善不能犯人 …………………………117
ガイドライン関連法 …………………103
概念法学 ………………………………70
学　説 …………………………………63
学説法 …………………………………217
拡張解釈 ………………………………77
過　失 …………………………………119

索　　引　231

過失責任 …………………………155
　──の原則 …………………142
家族法 ……………………………128
家庭裁判所 ………………………39
家督相続 …………………………130
株　券 ……………………………147
株　式 ……………………………145
株式会社 …………………………145
株主総会 …………………………145
仮執行宣言 ………………………47
仮出獄 ……………………………120
カルヴィン ………………………13
換刑処分 …………………………112
慣習法 ……………………………57
　──の制定法改廃力 …………56
間接民主制 ………………………94
間接民主政治 ……………………96

き

議院内閣制 ………………………109
機構（Authority） ………………187
既　遂 ……………………………115
擬　制 ……………………………78
規　則 ……………………………51
規則制定権 ………………………43
起訴状一本主義 …………………122
起訴便宜主義 ……………………124
起訴猶予 …………………………124
期待可能性の理論 ………………119
規範的効力 ………………………175
既判力 ……………………………23
基本権の保障 ……………………96
客観的法 …………………………27
糺問手続 …………………………121
協議条項 …………………………175
協議離縁 …………………………136
協議離婚 …………………………132
強行法規 ……………………58, 148, 200

強　制 ……………………………17
行政権 ……………………………107
行政裁判所 ………………………88
行政事件 ……………………37, 88
行政事件訴訟法 …………………89
強制執行 ……………………19, 154
行政手続法 …………………90, 108
強制認知 …………………………135
行政法 ………………………89, 108
兄弟姉妹の相続分 ………………139
兄弟姉妹の扶養義務 ……………137
強　迫 ……………………………149
共犯現象 …………………………115
協約憲法 …………………………97
虚偽表示 …………………………149
挙証責任 …………………………45
　──の転換 ……………………46
拒否権 ……………………………195
緊急逮捕 …………………………123
近親婚の禁止 ………………20, 131
近代学派 …………………………117
近代市民社会 ……………………210
近代市民法 ………………………210
近代法 ……………………………210
欽定憲法 …………………………97
均分相続 …………………………139
勤労の義務 ………………………16

く

偶発犯人 …………………………117
具体的妥当性 ……………………76
クロムウェル ……………………13

け

経済活動の自由 …………………106
経済法 ……………………………91
形式法 ……………………………90
刑事裁判 …………………………36

刑事事件	36
刑事補償	126
継続的債権関係	169
刑罰	19
刑法	89, 111
契約	51, 149, 211
契約自由の原則	142, 149
ゲヴェーレ	213, 223
ゲゼルシャフト	129
ゲーテ	3
ゲマインシャフト	129
現行犯逮捕	123
検察官	40
検察審査会	124
原状回復	191
憲法	50, 89
——と条約	54, 201
——の最高法規性	54
憲法改正	100
憲法制定権力	99
権利意識	30
権利義務	26
権利能力	143
権利濫用	18, 31, 146
——の禁止	143
権力分立	96, 107

こ

子	134
——の監護者	133
——の相続分	139
故意	119
行為規範	8, 34
行為制御能力	118
行為能力	144
公益財団法人	145
公益社団法人	145
公海	186
——の自由	186
——の使用の自由	186
公共の福祉	105, 143
公権	28
公示の原則	151
公序良俗	149
公信の原則	151
公信力	151
硬性憲法主義	97
公正証書	47
構成要件	115
控訴	38, 126
公的扶助	137
合同行為	150
公判請求	124
衡平	25
衡平法	218
公法	83
——の私法化	88
後法	55
——と前法	55
功利主義的人間観	116
小切手	147
国際慣習法	189
国際機関	181
国際刑事裁判所	192, 199
国際公法	90
国際私法	91
国際司法裁判所	192, 197
国際法	180
——の主体	181
国際連合	103, 194
国籍裁判官	197
国選弁護人	122
国民	94
国民主権主義	98
国民審査	40
戸主	130

索　引　233

互助義務 …………………………138
個　人 …………………………………181
　──の尊厳 …………………130
個人主義 …………………………104
戸籍筆頭者 ……………………131
国　家 …………………………………181
　──の承認 …………………181
国家間の法 ……………………181
国家責任 …………………………190
　──の解除 …………………191
　──の成立 …………………190
国家独占資本主義 ……………221
古典学派 …………………………116
個別的な労働法 ………………163
コモン・ロー …………………214
雇用契約 …………………………152
婚　姻 …………………………………130
　──の届出 ……………………2
　──の予約 ……………………2
婚姻届 ……………………………131
婚姻予約不履行 ………………131
婚姻予約有効判決………………61

さ

災害補償 …………………………155
罪刑法定主義 …………………113
債　権 …………………………………147
最高裁判所……………………37, 38, 40
　──の規則制定権……………43
最高裁判所規則 ………………51
財産権 ……………………………29
　──の保障 …………………142
財産分与 …………………………133
財産法 ……………………………128
再　審 …………………………………127
最低賃金法 ……………………168
最低労働条件の法定 …………167
裁　判 …………………………………33

　──の拒否 …………………190
　──の公開……………………43
裁判員制度………………………42
裁判官……………………………39
　──の独立……………………39
裁判規範 …………………………34
裁判所 ……………………………37
裁判条項 …………………………197
裁判条約 …………………………197
裁判離縁 …………………………136
裁判離婚 …………………………132
債務的効力 ……………………175
債務不履行 ……………………154
債務名義 …………………………47
詐　欺 …………………………………149
先取特権 …………………………146
錯　誤 …………………………………149
殺人罪……………………………18
三審制度…………………………38
三段論法 …………………………66
参与員……………………………42

し

自衛戦争 …………………………103
指揮命令権 ……………………162
時　効 …………………………………23
事後法の禁止……………………56, 114
持参債務 …………………………58
事実婚主義 ……………………131
事実上の法源……………………49
事実たる慣習……………………58
事実認定 …………………………66
事実問題…………………………38
自然権……………………………27
自然法 ……………………………208
自然法論 …………………………208
質　権 …………………………………146, 153
自治法規…………………………52

実行義務	175
執行証書	47
実行の着手	115
執行文言	47
執行猶予制度	120
実子	135
実体法	90
実定法	208
実力による執行	198
私的自治の原則	85, 211
私的所有	211
私的扶養	137
自白	125
支払督促	47
私法	83, 211
——の優位	86
司法権	108
——の独立	39, 108
司法研修所	41
司法裁判	192
司法試験	41
市民法	157
市民法典	214
社会学的法律学	71
社会主義国家の法	221
社会主義的所有	222
社会主義法	160
社会的基本権	87
社会統制	206
社会法	87, 158
社会法思想	158
社会保障法	160
借地借家法	29, 160
釈明権	44
謝罪広告	20
就業規則	52
就業規則制定権	162
重婚の禁止	131
重商主義	215
自由心証主義	45, 126
周旋	191
集団安全保障機構	194
集団殺害	199
集団的自治	163
集団的取引	163
集団的労働法	163
集団内部のしきたり	10, 11
自由法学	70
主観的法	27
縮小解釈	77
主権	94, 185
順法精神	13, 31
障害補償年金制	170
商慣習法	58
消極的団結の自由	172
商行為	154
上告	38, 126
使用者の災害補償責任	168
少数説	63
常設裁判所	197
上訴	38
承諾	149
譲渡担保	57
商人	154
常任理事国	185
少年法	119
消費貸借契約	153
商品交換	211
商法	91, 141
情報公開法	108
商法典	225
消滅時効	14
条約	52, 189, 201
憲法と——	201
条約憲法	97
条理	64

索　引

省　令	51
条　例	51
職業的官僚制	214, 225
諸子均分相続	139
職権主義	44
所有権	146
——の自由	142
——の絶対性に対する制限	158
シラー	3
自力救済	192
人格権	28
人格の自由	141
信義誠実の原則	143
親権者	133, 136, 144
人権宣言	96
心証形成	126
人身の自由	106
親族法	85
信　託	29
人的担保	153
審　判	44
人民主権	221
侵略戦争	102
心裡留保	149

す

砂川事件	54, 103

せ

西欧型近代化	222
生活扶助義務	137
生活保護法	137
生活保持義務	137
正　義	23
制限行為能力者	144, 149
制　裁	199
政治的自由	219
精神活動の自由	105

税制改革	225
製造物責任法	155
生存権	87
——の思想	158
生存への権利	106
政　体	94
制定法	50, 56
制度上の法源	49
成年後見人	144
成年被後見人	144
成年養子	135
成文憲法主義	96
成文法	50
西洋市民法の継受	224
生来性犯罪人	116
政　令	51, 53
世界政府	203
世界法	203, 226
責任主義	116
責任能力	118
接見交通権	123
絶対王政	214
絶対権	29
絶対的離婚原因主義	133
窃盗罪	2
是非弁別能力	118
善　意	15
選挙法改正	218
宣言的効果説	182
宣告刑	119
戦　争	193
戦争犯罪	199
戦争放棄	103
選択条項	197
前　法	55
——と後法	55
専門委員	42
占　有	23

そ

占有権 …………………………… 147
捜　査 …………………………… 123
創設的効果説 …………………… 182
相　続 ……………………… 26, 138
相続税 …………………………… 138
相続人 …………………………… 139
相続分 …………………………… 138
相対権 …………………………… 29
相対的離婚原因主義 …………… 133
組織規範 ………………………… 35
組織強制 ………………………… 172
組織条項 ………………………… 175
訴　訟 …………………………… 43
訴訟手続 ………………………… 43
訴訟法 …………………………… 89
措置入院 ………………………… 118
即決裁判手続 …………………… 124
ソ連型近代化 …………………… 222
損害賠償 ………………… 20, 154, 155, 191

た

大気圏外 ………………………… 185
対抗要件 ………………………… 150
胎　児 …………………………… 143
代襲相続 ………………………… 139
対人主権 ………………………… 188
代表民主制 ……………………… 101
大法廷 …………………………… 60
大陸棚 …………………………… 187
大陸法 …………………………… 214
多数説 …………………………… 63
たばこ専売法 …………………… 2
弾　劾 …………………………… 109
団結権の保障 …………………… 170
団結しない自由 ………………… 172
団体交渉権 ……………………… 173
団体行動権 ……………………… 28
単独行為 ………………………… 150
単独正犯 ………………………… 115
担　保 …………………………… 153
担保物権 ………………………… 146

ち

地役権 …………………………… 146
地上権 …………………………… 146
地租改正 ………………………… 225
地方公共団体 …………………… 51
地方更生保護委員会 …………… 120
嫡出子 …………………………… 134
嫡出推定 ………………………… 134
嫡出否認 ………………………… 134
仲　介 …………………………… 191
仲裁裁判 ………………………… 192
調　停 ……………………… 43, 191
調停制度 ………………………… 42
直接民主制 ……………………… 94
直律強行性 ……………………… 175
著作権 …………………………… 4
直系血族 ………………………… 137
直系尊属 ………………………… 139
陳　謝 …………………………… 191
賃借権 …………………………… 29
賃貸借契約 ……………………… 151

つ

通　説 …………………………… 63

て

定　款 …………………………… 52
抵当権 …………………………… 153
手　形 …………………………… 147
手続法 …………………………… 90
典型契約 ………………………… 148
天　皇 ……………………… 104, 107

索　引　237

天皇制 …………………………225
伝聞証拠 ………………………126

と

ドイツ民法典 …………………217
登　記 …………………………150
同居の親族 ……………………138
動　産 …………………………146
当事者主義 ……………………44
同時履行の抗弁権 ……………151
統制権 …………………………172
道　徳 …………………………12
同　盟 …………………………194
特定非営利活動法人（NPO）………145
特任裁判官 ……………………198
特別法 …………………………55
特別養子 ………………………136
特有財産 ………………………132
独立権 ……………………184, 185
取消し …………………………149
取消権 …………………………14
取締役会 ………………………145

な

内　縁 …………………………131
　──の不当破棄 ………………61
内政不干渉の義務 ……………184
軟性憲法主義 …………………97

に

二重譲渡 ………………………150
日本の近代法 …………………223
日本の固有法 …………………223
任意捜査 ………………………123
任意調整 ………………………178
任意認知 ………………………135
任意法規 ………………………58
認識と実践 ……………………209

認　知 …………………………135
　──の訴え ……………………135

は

陪審制度 ………………………42
排他的経済水域 ………………187
ハイネ …………………………3
配分的正義 ……………………24
幕藩体制社会 …………………224
破綻主義 ………………………133
判　決 …………………………46
判決事由 ………………………60
犯　罪 ……………………111, 199
反対解釈 ………………………78
反対尋問権の保障 ……………126
判　例 …………………………59
　──の変更 ……………………62
　──の法的安定性 ……………60
判例法 …………………………218

ひ

比較法学 ………………………80
PKO協力法 ……………………104
非常上告 ………………………127
非嫡出子 ………………………134
　──の氏 ………………………135
　──の相続分 …………………134
　──の扶養 ……………………134
被保佐人 ………………………144
被補助人 ………………………144
平　等 ……………………23, 105
平等権 ……………………184, 185

ふ

風　習 …………………………10
夫　婦 …………………………131
　──の氏 ………………………131
　──の財産関係 ………………132

238 索　引

――の同居・協力・扶助の義務 …132
夫婦財産契約 …132
夫婦財産制 …132
夫婦別産制 …132
不起訴処分 …124
福祉国家 …220
付合契約 …52
不信任決議 …102, 109
付審判請求 …125
不戦条約 …102
普通契約約款 …52
復　仇 …193
物　権 …146
物権変動 …151
物権法定主義 …147
物的担保 …153
不動産 …146
不動産賃借権の物権化 …152
不当労働行為制度 …171
不文憲法 …96
不文法 …50
――より成文法へ …92
不法行為 …155
父母共同親権 …136
扶　養 …137
扶養可能状態 …137
扶養義務 …137
扶養必要状態 …137
フランス民法典 …215
文理解釈 …76

へ

平均的正義 …24
平和義務 …175
平和条項 …175
ヘルムホルツ …5
弁護士 …41, 44
弁護士強制主義 …41

弁護人選任権 …122
弁論主義 …44

ほ

保安処分 …118
法 …52, 64
　　――と裁判 …33
　　――の完結性 …64
　　――の形式的効力 …53
　　――の欠缺 …64
　　――の段階的構造 …53
　　――の適用 …33
　　社会主義国家の―― …221
法　益 …113
法解釈学 …79
法　規 …50
法規範の相対性 …205
法　源 …49
　　事実上の―― …49
　　制度上の―― …49
封建制社会 …212
法三章 …1
法史学 …80
法事実学 …80
法社会学 …79
法　人 …144
法人格 …211
法　曹 …41
法曹一元 …41
法治主義 …108
法定刑 …119
法定財産制 …132
法定代理人 …136
法定利率 …154
法的安定性 …21, 22, 23, 25, 60, 72, 76
法的概念 …67
法的非難可能性 …116
法哲学 …80

法　典	92
法　律	50, 53
──による行政の原理	86
──の委任	51, 114
法律意思説	75
法律行為	150
法律婚主義	131
法律主義	114
法律不遡及の原則	56
法律問題	38
傍　論	60
補強証拠	126
保険制度	170
保険処分	119
保佐人	144
保　釈	124
保証人	153
補助人	144
本人訴訟	41

み

未決勾留日数	124
未　遂	115
未成年後見人	136, 144
未成年者	143
未成年者飲酒禁止法	8
未成年養子	135
未必の故意	119
身分権	29
身分制議会	213, 217, 223
身分制国家	213, 217, 223
身分制的社会	205
身分法	128
民事・刑事の免責	176
民事裁判	36
民事事件	36
民事法	91
民主主義	212, 220, 225
民定憲法	97, 100
民　法	91, 141
民法典	225

む

無過失責任	155
──の原則	159
無過失責任論	68
無　効	20, 150
無罪の推定	122
無名契約	148
村八分	11

め

明確性の原則	114
明治維新	223
明治憲法	97

も

申込み	149
目的論的解釈	75
黙秘権	122
モンテスキュー	106

や

夜警国家	86, 87

ゆ

有価証券	147
──と公信の原則	151
有限責任	145
有責主義	133
有責配偶者からの離婚請求	133
有力説	64

よ

用益物権	146
養　子	135

──の氏	135
──の相続権	135
──の年齢	135
──の扶養	135
予定調和の思想	87
予　備	115

ら

ラートブルフ……24

り

リアリズム法学	71
離　縁	136
離縁原因	136
離　婚	132, 136
──と親権者	133, 136
離婚原因	132
離婚届	132
利　息	153
立憲主義	95, 97, 107
立法権	107
立法者意思説	75
立法論	63
律　令	223
律令国家	223
略式請求	124
流　行	10
領　海	186
領　空	185
良心の自由	20
両性の本質的平等	130
領　土	94, 185
領土主権	185

る

| 類推解釈 | 78 |
| ──の禁止 | 114 |

れ

令状主義	122
歴史主義	207
歴史的解釈	75

ろ

労役場留置	112
労働基準の法定	166
労働協約	51, 174
労働組合	8, 20, 28, 170, 176
労働契約	152
労働時間の規制	168
労働者派遣業務	166
労働争議の調整	178
労働団体法の原理	163
労働法	160
労働保護法の原理	163
ロック	106
六　法	92
六法全書	92
ローマ法	85
──の継受	214
ローマ法大全	3
論理解釈	77

わ

ワイマール憲法……31, 87

■編者紹介

伊藤正己（いとうまさみ）　1943年　東京大学法学部卒
　　　　　　　　　　　　　　　元東京大学教授

加藤一郎（かとういちろう）　1943年　東京大学法学部卒
　　　　　　　　　　　　　　　元東京大学教授

現代法学入門〔第4版〕　　　　　　　　　　有斐閣双書

1964年4月30日	初版第1刷発行
1985年2月28日	新版初版第1刷発行
1992年11月10日	第3版第1刷発行
1999年12月10日	第3版補訂版第1刷発行
2005年3月30日	第4版第1刷発行
2021年1月25日	第4版第21刷発行

編　者　　伊藤正己
　　　　　加藤一郎

発行者　　江草貞治

発行所　　株式会社　有斐閣
　　　　　郵便番号　101-0051
　　　　　東京都千代田区神田神保町2-17
　　　　　電話　(03) 3264-1314〔編集〕
　　　　　　　　(03) 3265-6811〔営業〕
　　　　　http://www.yuhikaku.co.jp/

印刷・株式会社理想社／製本・牧製本印刷株式会社
© 2005, 伊藤克己・加藤照子. Printed in Japan
落丁・乱丁はお取替えいたします。
★定価はカバーに表示してあります。

ISBN 4-641-11256-8

Ⓡ 本書の全部または一部を無断で複写複製(コピー)することは，著作権法上での例外を除き，禁じられています。本書からの複写を希望される場合は，日本複製権センター(03-3401-2382)にご連絡ください。